CW01613286

150 recepten

Elke dag

LEKKER & SIMPEL

SOFIE & JORRIT
VAN DAALEN BUISSANT DES AMORIE

Colofon

1e druk, augustus 2019

Bertram + de Leeuw Uitgevers
Vormgeving binnenwerk: Annemarie Kleywegt
Omslagontwerp: Annemarie Kleywegt
Foto omslag: Sofie en Jorrit van Daalen Buissant
Des Amorie
Fotografie binnenwerk: Sofie en Jorrit van
Daalen Buissant Des Amorie
Foto auteurs: Sofie en Jorrit van Daalen
Buissant Des Amorie

ISBN: 9789461562548
NUR: 440

Voorwoord

Het is al bijna vaste prik geworden dat we ieder jaar een nieuw kookboek uitbrengen. Ook dit jaar is dat het geval en daar zijn wij enorm trots op! Deze keer is het niet zomaar een kookboek, het is een nieuwe uitgave van ons allereerste kookboek; het kookboek waar het allemaal mee is begonnen. Velen van jullie hebben ons berichtjes gestuurd op Facebook en Instagram en we hebben enorm veel mailtjes gekregen met de vraag 'Wanneer brengen jullie het eerste kookboek opnieuw uit?' 'Ik wil zo graag mijn collectie compleet maken.' Nu is het dan eindelijk zover.

Het boek dat in 2014 verscheen had de titel *'Het kookboek voor doordeweeks'*. Waarom eigenlijk? Kun je de recepten dan niet in het weekend bereiden? vroegen we onszelf laatst af. Tuurlijk wel! Daarom hebben we dit boek, zoals je wellicht al hebt gezien, een nieuwe naam gegeven *'Elke dag, Lekker en Simpel'*, want ook in het weekend kun je prima de hete kip, de Italiaanse plaattaart of de kipsalon op tafel zetten. Niet alle recepten uit het originele eerste deel waren voorzien van een foto. Inmiddels zijn onze fotografie skills verbeterd en hebben we bijna alle recepten opnieuw gemaakt en voorzien van nieuwe foto's. Ook hebben we de recepten hier en daar in een moderner jasje gestoken, en bijvoorbeeld meer groenten en kruiden toegevoegd. Als extra kers op de taart bevat het boek dat je nu in je handen hebt 50 bonus recepten, namelijk de 50 populairste recepten van onze blog (www.lekkerensimpel.com).

We kijken er enorm naar uit om al jullie creaties en positieve berichtjes terug te zien op Instagram en Facebook. Tag @lekkerensimpel in je bericht en gebruik #lekkerensimpelkookboek, zodat we een melding krijgen als er iets is geplaatst. Rest ons nog om jullie ontzettend veel kookplezier wensen!

Veel liefs,
Jorrit en Sofie

DE KLEUREN DIE GEBRUIKT WORDEN BIJ DE RECEPTEN STAAN VOOR:

ROOD: VLEES
BLAUW: VIS
GEEL: GEVOGELTE
GROEN: VEGETARISCH
★ POPULAIR RECEPT OP LEKKER & SIMPEL

Inhoud

Choco pannenkoeken

RECEPT VOOR 5 KLEINE PANNENKOEKJES
BEREIDINGSTIJD: 10 MIN.

100 ML MELK
75 GR HAVERMOUT
1 EI
1 RIJPE BANAAN
1 EL CACAOPOEDER

Meng de melk, havermout, ei, banaan en de cacao kort in de blender of keukenmachine totdat de havermout wat fijner is. Smelt een beetje boter of olie in een koekenpan. Schep met een lepel een paar hoopjes van het beslag in de pan en bak hiervan de pannenkoekjes, ongeveer 2 minuten per kant. Serveer met wat vers fruit, zoals aardbeien.

VARIATIE

Hartige havermout pannenkoekjes

RECEPT VOOR 5 KLEINE PANNENKOEKJES
BEREIDINGSTIJD: 20 MIN.

2 EIEREN
90 GR HAVERMOUT
100 ML MELK
¼ RODE UI
1 EL GERASPTE KAAS
HALVE TL BASILICUM
SNUF KNOFLOOKPOEDER
SERVEREN MET EEN TOMATENSALSA VAN 1 TOMAAT, ¼ UI, SCHEUTJE OLIE EN EEN SNUFJE PEPER

Doe de eieren, melk en havermout in een blender en maal even kort fijn. Snipper de ui en voeg samen met de geraspte kaas, knoflookpoeder en basilicum toe aan het beslag. Voeg ook een snuf zwarte peper toe. Schep met een lepel 2-3 pannenkoekjes in de pan en bak ze 2 minuten per kant. Ondertussen maak je de salsa: snijd de tomaat in blokjes en snipper de ui. Meng de tomaat, ui, scheutje olie en een snufje peper door elkaar en serveer op de hartige pannenkoekjes.

Bananenbrood

RECEPT VOOR 1 BANANENBROOD
BEREIDINGSTIJD: 20 MIN.
+ 35 MIN. IN DE OVEN

3 EIEREN
3 RIJPE BANANEN
100 GR BLOEM
60 GR HAVERMOUT
2 TL KANEEL

Verwarm de oven voor op 180 graden. Prak de rijpe bananen met een vork tot puree. Voeg vervolgens de eieren, bloem, havermout en de kaneel toe en meng alles door elkaar. Je kan eventueel ook nog een handje walnoten toevoegen. Schep vervolgens het beslag in een ingevette cakevorm. Bak het bananenbrood 35 tot 40 minuten in de oven. Smelt eventueel een beetje chocolade en verdeel dit over het bananenbrood.

VARIATIE

Yoghurtbrood

RECEPT VOOR 1 YOGHURTBROOD
BEREIDINGSTIJD: 20 MIN.
+ 45 MIN. IN DE OVEN

250 GR TARWEBLOEM
250 GR GRIEKSE YOGHURT
1 EI
2 RIJPE BANANEN
2 TL BAKPOEDER
HANDJE BLAUWE BESSEN
HANDJE CRANBERRY'S

Verwarm de oven voor op 200 graden. Prak de bananen met een vork, gebruik bij voorkeur rijpe bananen. Meng daarna de geprakte banaan, Griekse yoghurt en het ei door elkaar. Daarna voeg ook nog de bloem en het bakpoeder toe. Als laatste kunnen de blauwe bessen en de cranberry's erbij. Als je het lekker vindt kun je ook nog wat kaneel toevoegen. Schep het beslag in een ingevette cakevorm en bak het yoghurtbrood 35-40 minuten in de oven.

Chocolade wentelteefjes

RECEPT VOOR 4 WENTELTEEFJES
BEREIDINGSTIJD: 20 MIN.

1 EI
200 ML CHOCOLADEMELK
4 (WITTE) BOTERHAMMEN
KLONTJE BOTER
VERS FRUIT

Meng in een diep bord het ei met de chocolademelk door elkaar. Smelt de boter in een koekenpan en haal de boterhammen door het eimengsel. Verwarm een beetje boter of margarine in een pan. Bak de wentelteefjes een paar minuten per kant. Serveer de wentelteefjes bijvoorbeeld met wat vers fruit en een toef slagroom.

VARIATIE

Wentelteefjes uit de oven

RECEPT VOOR 2-3 PERSONEN
BEREIDINGSTIJD: 10 MIN.
+ 45 MIN. IN DE OVEN

6 BOTERHAMMEN
100 GR BRUINE SUIKER
200 ML MELK
2 EIEREN
60 GR BOTER
1 BANAAN
HALVE TL KANEEL

Verwarm de oven voor op 200 graden. Snijd de banaan in plakjes. Smelt de boter en verdeel de gesmolten boter over de bodem van een ovenschaal. Bedek de bodem met circa 3 boterhammen. Meng de kaneel met de suiker en verdeel de helft hiervan over de boterhammen. Leg de plakjes banaan hier bovenop. Daarna weer 3 boterhammen. Vervolgens strooi je de rest van het suikermengsel over de boterhammen. Als laatste meng je de eieren met de melk en giet je dit over het brood in de ovenschaal. Bak de wentelteefjes ongeveer 45 minuten in de oven.

Havermout-muffins met appel en kaneel

RECEPT VOOR 7-8 MUFFINS
BEREIDINGSTIJD: 15 MIN.
+15-20 MIN. IN DE OVEN

125 GR HAVERMOUT
125 ML MELK
1 EI
HALVE APPEL
2,5 TL KANEEL
2 EL GERASPTE KOKOS
HALVE TL BAKPOEDER

Verwarm de oven voor op 220 graden. Schil de appel en verwijder het klokhuis. Snijd de appel in blokjes. Meng het ei met de melk en voeg daarna de rest van de ingrediënten toe. Meng alles door elkaar. Verdeel het beslag over circa 7 of 8 (ingevette) muffinvormpjes. Bak de muffins ongeveer 15-20 minuten in de oven.

VARIATIE

Havermout-muffins met blauwe bessen

RECEPT VOOR 7-8 MUFFINS
BEREIDINGSTIJD: 15 MIN.
+15-20 MIN. IN DE OVEN

125 GR HAVERMOUT
125 ML MELK
1 EI
1 RIJPE BANAAN
2 TL KANEELPOEDER
HANDJE BLAUWE BESSEN
HANDJE RODE BESSEN
HALVE TL BAKPOEDER

Verwarm de oven voor op 220 graden. Prak de banaan samen met het ei. Voeg vervolgens de rest van de ingrediënten toe en meng alles door elkaar. Verdeel het beslag over circa 7 of 8 ingevette muffinvormpjes. Bak de muffins ongeveer 15-20 minuten in de oven.

Pasta pesto met spinazie

RECEPT VOOR 2 PERSONEN
BEREIDINGSTIJD: 25 MIN.

150 GR PASTA
250 GR VERSE SPINAZIE (FIJNGEHAKT)
100 GR PESTO
1 UI
1 RODE PEPER
50 GR RUCOLA
SCHEUT KOOKROOM
PIJNBOOMPITTEN
50 GR GERASPTE KAAS

Kook de pasta volgens de bereidingswijze op het pak. Snipper de ui en snijd de rode peper fijn (verwijder eventueel de zaadjes). Giet een scheutje olie in een pan en fruit de ui. Voeg na 2-3 minuten de rode peper toe en bak een paar minuten mee. Daarna kan de pesto, kookroom en spinazie erbij. Meng door elkaar en warm een paar minuten op. Meng de gekookte pasta door de saus en serveer met pijnboompitjes, rucola en geraspte kaas.

VARIATIE

Pasta met avocado

RECEPT VOOR 2 PERSONEN
BEREIDINGSTIJD: 20 MIN.

150 GR PASTA
1 AVOCADO
100 GR GEROOKTE KIP
2 TENEN KNOFLOOK
2 EL CRÈME FRAÎCHE
SCHEUTJE OLIJFOLIE
HANDJE GERASPTE KAAS
SNUFJE ZOUT EN PEPER
CITROENSAP

Kook de pasta volgens de bereidingswijze op het pak. Snijd de avocado doormidden en verwijder de pit. Snijd de gerookte kip in blokjes. Doe de knoflook, olijfolie, avocado, citroensap, snufje zout en peper en de crème fraîche in een keukenmachine en maal alles fijn. Giet de pasta af en meng de saus en gerookte kip door de pasta. Serveer met wat geraspte kaas.

TIP:
Voeg eventueel nog lekker wat gesneden cherrytomaatjes toe en wat rucola.

POPULAIR

Pasta carbonara met chorizo en courgette

RECEPT VOOR 2 PERSONEN
BEREIDINGSTIJD: 15 MIN.

150 GRAM SPAGHETTI
100 GR CHORIZO
1 COURGETTE
1 (GROOT) EI
1 EETLEPEL KOOKROOM
HANDJE GERASPTE KAAS
SNUFJE ZOUT EN PEPER
VERSE PETERSELIE

Kook de spaghetti volgens de instructies op de verpakking. Terwijl de spaghetti kookt, snijd je de chorizo en courgette in blokjes. Bak de blokjes worst en courgette op middelhoog vuur circa 5-6 minuten. Ondertussen meng je de kookroom en het ei met een handje geraspte kaas en een snufje zout en peper. Zodra de spaghetti klaar is, even afgieten en dan direct de chorizo en de courgette toevoegen. Meng vervolgens nog het ei-roommengsel erdoor; terwijl je dit doet even de pasta 'doorscheppen'. Serveer met wat geraspte kaas.

TIP:
Ook lekker met gerookte kip in plaats van chorizo.

POPULAIR

Pasta met broccoli en kip

RECEPT VOOR 2 PERSONEN
BEREIDINGSTIJD: 20 MIN.

150 GR PASTA
300 GR BROCCOLIROOSJES
1 KIPFILET [250 GR]
1 UI
125 ML CRÈME FRAÎCHE
4 TL PESTO
1 TL KIPKRUIDEN
50 GR RUCOLA
CHERRYTOMAATJES
EVT. PIJNBOOMPITJES

Snipper de ui en snijd de kipfilet in stukjes. Breng de kip op smaak met kipkruiden. Kook de pasta volgens de bereidingswijze op het pak. Kook de broccoliroosjes ongeveer 8 minuten. Giet een scheutje olie in een pan en bak de kip rondom bruin. Voeg daarna de ui toe en bak die een paar minuten mee. Meng daarna de crème fraîche en de pesto door het mengsel. Als de crème fraîche gesmolten is, kan de gekookte pasta erbij. Serveer met rucola, cherrytomaatjes en eventueel wat pijnboompitten.

TIP:
Vervang de broccoli eens door bloemkool.

POPULAIR

Romige pasta met bloemkool

RECEPT VOOR 2 PERSONEN
BEREIDINGSTIJD: 20 MIN.

150 GRAM SPAGHETTI
300 GR BLOEMKOOLROOSJES
250 ML KIPPENBOUILLON
150 ML SLAGROOM
2 TEENTJES KNOFLOOK
2 EETLEPELS OLIJFOLIE
PAAR DRUPPELS CITROENSAP
PARMEZAANSE KAAS
VERSE PETERSELIE
SNUFJE ZOUT EN PEPER

Kook de bloemkoolroosjes circa 10 minuten, of 15 minuten als je houd van wat zachtere bloemkool. Intussen giet je twee eetlepels olijfolie in een (steel)pan en pers je de teentjes knoflook hierboven. Heel kort (circa 15 seconden) aanfruiten. Meng dan de spaghetti erdoor (wij hebben de spaghetti gebroken, zodat hij in de pan past). Voeg meteen ook de hete bouillon, de room, citroensap en een snufje zout en peper toe. Schep alles door elkaar en laat dit mengsel 7 tot 10 minuten koken. De pasta neemt tijdens het koken al het vocht op en er blijft een heerlijke romige pasta over als resultaat. Meng de bloemkool erdoor en maak het geheel af met verse peterselie en wat geraspte Parmezaanse kaas.

TIP:

Ook lekker om nog wat spekjes uit te bakken en er doorheen te doen.

Eenpanspasta met champignons

RECEPT VOOR 2 PERSONEN
BEREIDINGSTIJD: 20 MIN.

200 GR SPAGHETTI
400 ML WATER
100 GR CHAMPIGNONS
1 COURGETTE
1 TEEN KNOFLOOK
1 BOUILLONBLOKJE (GROENTE)
2 TL PETERSELIE
SCHEUTJE SLAGROOM
HANDJE GERASPTE PARMEZAANSE KAAS
SNUFJE ZOUT EN PEPER

Breng het water met het bouillonblokje aan de kook. Snijd de champignons, courgette en knoflook in stukjes. Als het water kookt, voeg je de spaghetti, champignons, courgette, knoflook en peterselie toe. Laat dit 10-15 minuten zachtjes koken totdat het vocht is verdwenen en de pasta gaar is. Als het vocht is verdwenen voeg je de slagroom, de Parmezaanse kaas en een snuf zout en peper toe. Even mengen en klaar.

VARIATIE

Eenpanspasta met spinazie

RECEPT VOOR 2 PERSONEN
BEREIDINGSTIJD: 25 MIN.

200 GR PASTA
250 ML BOUILLON (GROENTEN)
250 ML HALFVOLLE MELK
1 UI
8 ZONGEDROOGDE TOMAATJES
300 GR SPINAZIE
3 EL ROOMKAAS MET KRUIDEN
1 TEEN KNOFLOOK
GERASPTE PARMEZAANSE KAAS

Snipper de ui en snijd de knoflook fijn. Hak ook de spinazie fijn. Giet een scheutje olie in een hapjespan en bak de ui en knoflook. Na 2-3 minuten voeg je de spinazie toe en bak je de spinazie mee totdat zij geslonken is. Voeg vervolgens de melk, bouillon en pasta toe en laat dit ongeveer 15 minuten pruttelen totdat het vocht is verdwenen. Snijd ondertussen de tomaten in stukjes. Als het vocht (bijna) is verdwenen, kunnen de roomaas en de tomaten erbij. Even mengen en dan kan het vuur uit. Serveer de pasta met wat geraspte Parmezaanse kaas.

TIP:
Voeg nog lekker wat gehakte walnootjes toe of geroosterde pijnboompitten.

POPULAIR

Macaroni met gehakt

RECEPT VOOR 2 PERSONEN
BEREIDINGSTIJD: 25 MIN.

150-175 GR MACARONI
150 GR RUNDERGEHAKT
1 UI
1 TEEN KNOFLOOK
1 PREI
1 PAPRIKA
3 TROSTOMATEN
2 EL KETCHUP
2 TL TIJM
2 TL BASILICUM
2 TL PAPRIKAPOEDER
GERASPTE KAAS
SNUFJE ZOUT EN PEPER

Zet een pan water op en kook de macaroni volgens de aanwijzing op de verpakking. Snijd de ui, knoflook, prei, paprika en tomaten in stukjes. Giet een scheutje olie in een pan en bak het gehakt rul. Voeg daarna de ui, knoflook, prei en paprika toe. Na circa 3-4 minuten kunnen de tomaten, kruiden en ketchup erbij. Laat de saus circa 10-15 minuten pruttelen. Voeg de gekookte macaroni toe aan de tomatensaus en meng alles door elkaar. Schep de macaroni op twee borden en strooi nog wat geraspte kaas over de macaroni.

Tortellini-ovenschotel

RECEPT VOOR 2 PERSONEN
BEREIDINGSTIJD: 20-25 MIN. + 10-15 MIN. IN DE OVEN

250 GR TORTELLINI
600 GR TOMATENBLOKJES
400 GR SPINAZIE
1 UI
1 TEEN KNOFLOOK
250 GR CHERRYTOMAATJES
5 EL RICOTTA
HANDJE GERASPTE KAAS
1 TL PAPRIKAPOEDER
1 TL OREGANO
SNUFJE CHILIPOEDER
SNUFJE ZOUT EN PEPER

Verwarm de oven voor op 200 graden. Kook de tortellini volgens de bereidingswijze op het pak. Snipper de ui, snijd cherrytomaatjes in tweeën en hak de knoflook fijn. Giet een scheutje olie in een pan en bak de ui, knoflook en cherrytomaatjes zachtjes aan. Voeg na circa 2 minuten de kruiden, tomatenblokjes en en spinazie toe. Laat dit 10 minuten pruttelen, wel regelmatig even roeren. Voeg daarna de gekookte tortellini toe en meng alles door elkaar. Schep vervolgens alles in een ovenschaal en verdeel er een beetje geraspte kaas en ricotta overheen. Zet de ovenschaal 10-15 minuten in de oven.

TIPS:

- Ook lekker met ravioli in plaats van tortellini.
- Voeg ook eens wat stukjes paprika toe aan de saus.

POPULAIR

Pasta kip-pesto

RECEPT VOOR 2 PERSONEN
BEREIDINGSTIJD: 20-25 MIN.

150 GR PASTA
200 GR KIPFILET
4 EETLEPELS PESTO
2 EETLEPELS CRÈME FRAÎCHE
1 UI
HALVE RODE PEPER
1 TEEN KNOFLOOK
50 GR RUCOLA
BAKJE CHERRYTOMAATJES
1 TL ITALIAANSE KRUIDEN
SNUFJE ZOUT EN PEPER

Snijd de kipfilet in stukjes. Breng de kip op smaak met zout, peper en Italiaanse kruiden. Zet een pan water op en kook de pasta volgens de bereidingswijze op het pak. Snipper de ui en snijd de rode peper en knoflook in kleine stukjes. Snijd de cherrytomaatjes in tweeën of vieren. Giet een scheutje olie in een pan en bak de blokjes kip gaar in ongeveer 5 minuten. Voeg vervolgens de ui, rode peper, cherrytomaatjes en knoflook toe. Bak dit een paar minuten mee en voeg dan de pesto en crème fraîche toe. Goed mengen en na een paar minuten kan het vuur uit. Meng de pasta met de kip-pesto saus en serveer het gerecht met rucola.

TIP:
Ook lekker met champignons, stukjes paprika, courgette of een beetje geraspte kaas.

POPULAIR

Eenpansgerecht met orzo

RECEPT VOOR 2 PERSONEN
BEREIDINGSTIJD: 25 MIN.

1 (RODE)UI
1 TEEN KNOFLOOK
150 GR ORZO/RISONI
2 TOMATEN
250 GR SPINAZIE
HANDJE GERASPTE PARMEZAANSE KAAS
350 ML BOUILLON (GROENTEN)
1 TL (GEDROOGDE) BASILICUM
SNUFJE ZOUT EN PEPER

Snipper de ui en snijd de tomaten en spinazie in stukjes. Verwarm een beetje boter in een (hapjes)pan en fruit de ui met 1 uitgeperste teen knoflook. Voeg na 2 minuten de tomaten toe en bak ze een paar minuten mee. Vervolgens kan de orzo erbij. Meng alles goed. Na 1 minuut voeg je de bouillon en basilicum toe en breng je het geheel aan de kook. Kook de orzo ongeveer 8 minuten (of volgens de aanwijzingen op de verpakking). Vergeet niet zo nu en dan te roeren. Daarna gaat de spinazie erdoor en bak je het geheel nog een paar minuten. Zet het vuur uit en voeg naar smaak wat geraspte Parmezaanse kaas en een snufje zout en peper toe.

TIP:
Het is ook lekker om aan het eind 100 gram gerookte kipreepjes door de orzo te mengen.

POPULAIR

Pasta-ovenschotel met gehakt en prei

RECEPT VOOR 2 PERSONEN
BEREIDINGSTIJD: 15 MIN. + 15 MIN. IN DE OVEN

175 GR PASTA
200 GR GEHAKT
400 ML TOMATENSAUS/GEZEEFDE TOMATEN
1 PREI
1 UI
1 BOL MOZZARELLA
2 TENEN KNOFLOOK
2 TL ITALIAANSE KRUIDEN
SNUFJE ZOUT EN PEPER
EVT. GERASPTE KAAS

Verwarm de oven voor op 200 graden. Kook de pasta volgens de bereidingswijze op het pak. Maak de prei schoon en snijd de prei en ui in stukjes. Giet een scheutje olie in een pan en bak de prei met de ui en 2 geperste tenen knoflook. Na ongeveer 5 minuten voeg je het gehakt en de kruiden toe en bak je het gehakt rul. Giet daarna de tomatensaus erbij. Laat het mengsel ongeveer 5 minuten pruttelen. Daarna zet je het vuur uit en meng je de gekookte pasta door de saus. Schep alles in een ingevette ovenschaal. Snijd de mozzarella in plakjes en verdeel over de pasta. Strooi eventueel nog wat geraspte kaas eroverheen. Zet de pasta-ovenschotel ongeveer 15 minuten in de oven.

TIP:
Voeg naast prei gerust meer groenten toe, bijvoorbeeld paprika, courgette en/of aubergine.

Aardappel-ovenschotel met kip en spinazie

RECEPT VOOR 2 PERSONEN
BEREIDINGSTIJD: 20 MIN.
+30 MIN. IN DE OVEN

500 GR AARDAPPELS
200 GR KIPFILET
400 GR SPINAZIE
4 EL CRÈME FRAÎCHE
100 ML SLAGROOM
1 UI
HANDJE GERASPTE KAAS
SNUFJE ZOUT EN PEPER

Verwarm de oven voor op 220 graden. Schil de aardappels en schaaf/snijd ze in heel dunne plakjes. Snijd de kipfilet in stukjes, evenals de spinazie. Je kunt de spinazie ook met een keukenmachine fijnhakken. Giet een scheutje olie in een pan en bak de kip gaar met een snufje zout en peper. Daarna voeg je de spinazie en crème fraîche toe. Als de spinazie geslonken is, en de crème fraîche is gesmolten, zet je het vuur uit. Vet een ovenschaal in en bedek de bodem met een laagje aardappelschijfjes. Daarna het kip-spinazie mengsel erover en volgens de rest van de aardappelschijfjes. Giet de slagroom over de ovenschotel en strooi wat geraspte kaas erover. Zet de ovenschotel 30-35 minuten in de oven.

VARIATIE

Aardappel-ovenschotel met broccoli

RECEPT VOOR 2 PERSONEN
BEREIDINGSTIJD: 20 MIN.
+30-35 MIN. IN DE OVEN

500 GR AARDAPPELS
300 GR BROCCOLIROOSJES
100 GR HAMREEPJES
2 TL KERRIE
2 TL PETERSELIE
100 ML CRÈME FRAÎCHE
HANDJE GERASPTE KAAS
SNUFJE ZOUT EN PEPER

Verwarm de oven voor op 220 graden. Schil de aardappels en schaaf/snijd de aardappels in heel dunne plakjes. Kook de broccoliroosjes ongeveer 8 minuten. Snijd de hamreepjes in stukjes. Meng in een kom de gekookte broccoliroosjes, ham, kerrie, peterselie, snufje zout en peper en crème fraîche. Verdeel de helft van de aardappelschijfjes over de bodem van een ingevette ovenschaal. Daarna schep je het broccoli mengsel eroverheen, gevolgd door de rest van de aardappelschijfjes. Afmaken met wat geraspte kaas. Zet de ovenschotel ongeveer 30-35 minuten in de oven.

POPULAIR

Italiaanse ovenschotel

RECEPT VOOR 2 PERSONEN
BEREIDINGSTIJD: 25 MIN. + 15 MIN. IN DE OVEN

400 GRAM ITALIAANSE GROENTEN (PREI, COURGETTE, TOMAAT EN PAPRIKA)
400 GRAM AARDAPPELS
200 GRAM GEHAKT
70 GR TOMATENPUREE
120 ML WATER
FLINKE SCHEUT KOOKROOM
1 TEENTJE KNOFLOOK
1 EETLEPEL BASILICUM
1 THEELEPEL OREGANO
1 THEELEPEL PAPRIKAPOEDER
SNUFJE CHILIPOEDER
SNUF PEPER EN ZOUT
HANDJE GERASPTE KAAS

Verwarm de oven voor op 220 graden. Schil de aardappels en snijd ze in plakjes. Kook de aardappelschijfjes circa 7 minuten, totdat ze zacht zijn. Giet een scheutje olie in een pan en bak de groenten en een fijngeperst teentje knoflook circa 5 minuten aan. Als de groenten een beetje zacht zijn geworden, voeg je het gehakt toe en bak je dit rul. Giet dan het blikje tomatenpuree erbij en bak dit 1 minuut mee. Vervolgens gaan het water, de kookroom en de kruiden erbij. Roer alles goed door. Eventueel voeg je extra kruiden toe, zoals een flinke snuf komijnpoeder. Laat de saus circa 5 minuten pruttelen. Doe de gehakt-groentesaus in een ingevette ovenschaal. Verdeel de voorgekookte aardappelschijfjes eroverheen en top af met wat geraspte kaas. Schuif de Italiaanse ovenschotel circa 15-20 minuten in de oven.

POPULAIR

Rösti-ovenschotel met sperziebonen

RECEPT VOOR 2 PERSONEN
BEREIDINGSTIJD: 15 MIN. + 15 MIN. IN DE OVEN

400 GR RÖSTI
300 GR SPERZIEBONEN
100 GR SPEKREEPJES
1-2 PAPRIKA('S)
1 UI
2 EETLEPELS CRÈME FRAÎCHE
1 -2 THEELEPELS TIJM
HANDJE GERASPTE KAAS
SNUFJE ZOUT, PEPER

Verwarm de oven voor op 200 graden. Kook de sperziebonen beetgaar in ongeveer 8 minuten. Snipper ondertussen een uitje en snijd de paprika in blokjes. Zet een pan met een beetje olie op middelhoog vuur en bak de uitjes, paprika en spekreepjes even aan, ongeveer 4-5 minuten. Voeg de rösti toe en bak deze 3-4 minuten mee. Nog twee eetlepels crème fraîche, de gekookte sperziebonen en de kruiden toevoegen, alles goed door elkaar mengen en dan kan het mengsel de ovenschaal in. Strooi je een handje geraspte kaas over de schotel en zet de ovenschaal vervolgens 15 minuten in de oven.

POPULAIR

Preischotel met gehakt

RECEPT VOOR 2 PERSONEN
BEREIDINGSTIJD: 15 MIN. + CIRCA 30 MIN. IN DE OVEN

150 GRAM MAGER RUNDERGEHAKT
2 PREIEN
175 ML CRÈME FRAÎCHE
1 EI
5 EL KOOKROOM
1 TL KNOFLOOKPOEDER
1 TL PAPRIKAPOEDER
2 TL VERSE PETERSELIE
SNUF ZOUT EN PEPER
GERASPTE KAAS

Verwarm de oven voor op 220 graden. Vervolgens breng je het gehakt op smaak met zout en peper of gehaktkruiden. Snijd de prei in dunne ringen en bak de gesneden prei aan in een scheutje olie. Voeg na ongeveer 5 minuten, als de prei een beetje zacht is geworden, het gehakt toe. Ondertussen meng je de crème fraîche, het ei, de kookroom, knoflookpoeder en wat verse peterselie in een mengbeker. Zodra het gehakt rul is, schep je dit samen met de prei in een ovenschaal. Giet hier overheen het roommengsel en bedek met een laagje kaas. De schotel kan nu voor 30 minuten de oven in.

Griekse pizza

RECEPT VOOR 2 PERSONEN
BEREIDINGSTIJD: 30 MIN. + 15-20 MIN. IN DE OVEN

1 ROL PIZZADEEG
10 CHERRYTOMAATJES
1 KIPFILET
2 TL GYROSKRUIDEN
1 RODE UI
1 PAPRIKA
TOMATENSAUS
100 GR FETA
2 TL OREGANO
BASILICUM
SNUFJE ZOUT EN PEPER

Verwarm de oven voor op 220 graden. Snijd de ui, cherrytomaatjes, paprika, feta en kipfilet in stukjes. Breng de kipfilet op smaak met gyroskruiden. Giet een scheutje olie in een pan en bak de kipstukjes totdat ze gaar zijn van binnen (circa 5 minuten). Rol het pizzadeeg uit en leg het deeg op een bakplaat met bakpapier. Smeer wat tomatensaus op het pizzadeeg en verdeel de tomaatjes, kip, ui, paprika en feta over de pizza. Breng op smaak met oregano en een snufje zout en peper. Bak de pizza 15-20 minuten in de oven en serveer met wat verse basilicum.

POPULAIR

Bloemkool-ovenschotel met kip en krieltjes

RECEPT VOOR 2 PERSONEN
BEREIDINGSTIJD: 25 MIN. + 20 MIN. IN DE OVEN

400 GR BLOEMKOOLROOSJES
400 GR KRIELTJES (VOORGEKOOKT)
2 KIPFILETS
2 PAPRIKA'S
250 ML BOUILLON (KIP) OF MELK
25 GR BOTER
25 GR BLOEM
1 TL PAPRIKAPOEDER
GERASPTE KAAS

Verwarm de oven voor op 200 graden. Breng een pan water aan de kook en gaar de bloemkoolroosjes circa 10 minuten. We gebruiken een zakje met krieltjes die volgens de verpakking al voorgekookt zijn. Toch koken we ze nog circa 8 minuten extra in een pan met water. Snijd de kip en paprika in stukjes. Breng de kip op smaak met zout en peper. Giet een scheutje olie in een pan en bak de kipfilet rondom bruin. Voeg ook de stukjes paprika toe en bak het geheel nog een paar minuten. Zet het vuur uit. Smelt de boter in een klein pannetje en voeg daarna de bloem toe. Meng alles goed door elkaar en laat dit papje 1 minuut bakken. Voeg daarna beetje voor beetje de bouillon of melk toe en blijf ondertussen goed roeren. Als je een mooie, dikke saus hebt, voeg je de geraspte kaas en paprikapoeder toe. Zelf voeg ik circa 2 kleine handjes kaas toe. Als de kaas gesmolten is, zet je het vuur uit. Doe de krieltjes, kip, paprika en bloemkool in een ovenschaal. Giet de saus hier overheen en meng alles eventueel door elkaar. Als laatste strooi je een beetje geraspte kaas over de ovenschotel. Zet de bloemkool-ovenschotel met kip en krieltjes ongeveer 20 minuten in de oven.

POPULAIR

Snelle vis-ovenschotel

RECEPT VOOR 2 PERSONEN
BEREIDINGSTIJD: 15 MIN. + 25-30 MIN. IN DE OVEN

2 PANGASIUSFILETS
450 GR VOORGEKOOKTE AARDAPPELPARTJES
1 PREI
1 PAPRIKA
1 COURGETTE
2 TL TIJM
ZOUT/PEPER
100 ML CRÈME FRAÎCHE
HANDJE GERASPTE KAAS

Verwarm de oven voor op 200 graden. Snijd de vis in stukjes. Snijd ook de prei, paprika en courgette in stukjes. Doe de vis, aardappelpartjes en de groenten in een ingevette ovenschaal. Breng alles op smaak met tijm, zout en peper en eventueel andere kruiden. Even door elkaar mengen. Vervolgens meng je ook de crème fraîche erdoor. Afmaken met een klein beetje geraspte kaas. Zet het geheel ongeveer 25-30 minuten in de oven. Let op: als de ovenschotel te bruin wordt, dek hem dan af met wat aluminiumfolie.

Mexicaanse nachos

RECEPT VOOR 2-3 PERSONEN
BEREIDINGSTIJD: 25 MIN. + 10 MIN. IN DE OVEN

1 ZAK TORTILLACHIPS
250 GR GEHAKT
3 TL MEXICAANSE KRUIDEN
1 RODE UI
1-2 PAPRIKA('S)
3 EL CRÈME FRAÎCHE
1 TL WATER
50 GR GERASPTE KAAS

Verwarm de oven voor op 200 graden. Snijd de ui en paprika in stukjes. Breng het gehakt op smaak met de Mexicaanse kruiden. Giet een scheutje olie in een pan en bak de ui met de paprika aan. Voeg na 2-3 minuten het gehakt toe en bak het gehakt rul. Vervolgens kun je het vuur uitzetten. Doe de helft tortillachips in een ovenschaal en verdeel de helft van het gehaktmengsel eroverheen. Verdeel daar de rest van de chips overheen en als laatste de rest van het gehakt. Meng in een bakje de crème fraîche met een theelepel water en eventueel een snufje peper. Strooi wat geraspte kaas over de nachos en verdeel de crème fraîche eroverheen. Zet de nachos ongeveer 10 minuten in de oven.

TIP:
Serveer eventueel wat rijst en zelfgemaakte guacamole erbij en je hebt een lekkere avondmaaltijd.

POPULAIR

Jachtschotel met gehakt

RECEPT VOOR 2 PERSONEN
BEREIDINGSTIJD: 25-30 MIN. + 20 MIN. IN DE OVEN

500 GR AARDAPPELS
250 GR RUNDERGEHAKT
1 UI
1 PREI
200 GR WORTELS
1 TEEN KNOFLOOK
1 LAURIERBLAADJE
1 EL TOMATENPUREE
100 ML WATER
SNUFJE ZOUT EN PEPER
50 GR GERASPTE KAAS

Verwarm de oven voor op 200 graden. Schil de aardappels en snijd ze in 2 of 4 stukken. Kook deze in een grote pan ongeveer 20 minuten, totdat ze zacht zijn. Giet bijna al het water af en bewaar een klein beetje kookvocht in de pan. Stamp de aardappels met een snufje zout en peper en het kookvocht tot puree. Snipper de ui en snijd de prei en wortels in stukjes. Giet een scheutje olie in een pan en bak het gehakt rul. Voeg daarna de ui en knoflook toe en bak 2-3 minuten mee. Daarna kunnen de prei, wortels en het laurierblaadje erbij. Bak dit ongeveer 5 minuten en voeg dan ook de tomatenpuree en het water toe. Laat dit nog 5 minuten zachtjes pruttelen en verwijder dan het laurierblaadje en zet het vuur uit. Schep het gehaktmengsel in een ingevette ovenschaal. Verdeel de aardappelpuree er overheen en strijk glad met een lepel. Strooi de geraspte kaas er overheen en zet de ovenschotel ongeveer 20 minuten in de oven.

TIP:
Je kunt de kaas ook vervangen door een laagje paneermeel.

POPULAIR

Witlof-ovenschotel met gehakt

RECEPT VOOR 2 PERSONEN
BEREIDINGSTIJD: 20 MIN. + 20 MIN. IN DE OVEN

4 STRONKJES WITLOF
450 GR AARDAPPELS
150 GR (VEGETARISCH) GEHAKT
1 UI
3 EL CRÈME FRAÎCHE
GERASPTE KAAS
1 TL KERRIEPOEDER
1 TL PETERSELIE
SNUFJE ZOUT EN PEPER

Verwarm de oven voor op 200 graden. Schil de aardappels en snijd ze in schijfjes. Kook deze in een grote pan met water, ongeveer 8-10 minuten. Snipper de ui. Verwijder de bittere kern van de witlof en snijd de witlof in stukjes. Giet een scheutje olie in een pan en fruit de ui aan. Voeg na 2-3 minuten het gehakt toe en bak het rul. Meng daarna de kruiden en de witlof erdoor en bak alles nog ongeveer 8 minuutjes mee totdat de witlof wat zachter is. Als laatste voeg je de crème fraîche toe en meng je alles goed door elkaar. Verdeel de helft van de aardappelschijfjes over de bodem van de ovenschaal. Schep hier het gehakt-witlof mengsel overheen. Daarna verdeel je de rest van de aardappelschijfjes over de ovenschaal. Als laatste strooi je wat geraspte kaas erover. Zet de witlof-ovenschotel met gehakt circa 20 minuten in de oven.

Lasagne uit de pan

RECEPT VOOR 2-3 PERSONEN
BEREIDINGSTIJD: 20-25 MIN.

200 GR VERSE LASAGNEBLADEN
500 GR GEZEEFDE TOMATEN
400 GR TOMATENBLOKJES
1 UI
1 TEEN KNOFLOOK
2 TL ITALIAANSE KRUIDEN
3 EL RICOTTA

Snipper de ui en snijd de knoflook fijn. Giet een scheutje olie in een pan en fruit de ui met de knoflook aan. Voeg na 2 minuten de tomatenblokjes, gezeefde tomaten, Italiaanse kruiden en een snufje zout en peper toe. Laat dit pruttelen en snijd ondertussen de lasagnebladen in kleine stukjes. Voeg ze toe aan de saus en meng alles goed door elkaar. Kook de saus ongeveer 10 minuten totdat de lasagnebladen gaar zijn. Vergeet niet af en toe te roeren. Als de lasagnebladen zacht zijn, schep je wat ricotta over de bovenkant en eventueel een beetje verse basilicum. Serveer direct.

TIP:

Voeg naar smaak meer groenten toe aan dit gerecht zoals courgette of prei.

VARIATIE

Lasagne uit de pan met salami

RECEPT VOOR 2-3 PERSONEN
BEREIDINGSTIJD: 20-25 MIN.

200 GR VERSE LASAGNEBLADEN
1 UI
1 TEEN KNOFLOOK
100 GR SALAMI
2 TL OREGANO
2 TL BASILICUM
1 AUBERGINE
400 GR TOMATENBLOKJES
GERASPTE PARMEZAANSE KAAS
SNUFJE ZOUT EN PEPER

Snijd de ui, salami, knoflook en aubergine in stukjes. Snijd ook de lasagnebladen in kleine stukjes. Giet een scheutje olie in een pan en bak de ui met de knoflook. Voeg na 2-3 minuten de aubergine en salami toe. Bak dit ongeveer 5 minuten mee en voeg dan de kruiden, lasagnebladen en tomatenblokjes toe. Meng alles goed door elkaar en laat dit ongeveer 10 minuten pruttelen totdat de lasagnebladen zacht zijn. Zet het vuur uit en verdeel wat geraspte Parmezaanse kaas over de bovenkant.

POPULAIR

Tacotaart

RECEPT VOOR 2-3 PERSONEN
BEREIDINGSTIJD: 20 MIN. + 15 MIN. IN DE OVEN

200 GR GEHAKT
300 ML GEZEEFDE TOMATENSAUS
5 WRAPS
1 UI
1 PAPRIKA
1 BLIKJE MAIS
2 TENEN KNOFLOOK
2 TL MEXICAANSE KRUIDENMIX
50 GR GERASPTE KAAS
EVT. CRÈME FRAÎCHE

Verwarm de oven voor op 200 graden. Snijd de paprika, knoflook en ui in stukjes. Giet een scheutje olie in een pan en bak het gehakt rul met de kruiden. Doe vervolgens de ui, knoflook en paprika erbij en bak ze 5 minuten mee. Vervolgens voeg je de tomatensaus en mais toe en laat je de saus nog circa 5-10 minuten pruttelen. Daarna kun je beginnen met het maken van de laagjes. Eerst een wrap, laagje saus, wrap, laagje saus en ga zo door totdat je saus op is. Verdeel over het laatste laagje saus wat geraspte kaas. Zet de tacotaart ongeveer 15 minuten in de oven totdat de kaas gesmolten is. Serveer de taco met wat crème fraîche.

TIP:
Voeg ook eens een blikje kidneybonen toe aan de saus.

POPULAIR

Moussaka met zoete aardappel

RECEPT VOOR 2-3 PERSONEN
BEREIDINGSTIJD: 30 MIN. + 20-25 MIN. IN DE OVEN

500 GR ZOETE AARDAPPELS
200 GR GEHAKT
1 UI
1 TEEN KNOFLOOK
1 AUBERGINE
400 GR TOMATENBLOKJES
70 GR TOMATENPUREE
HALVE TL KANEEL
2 TL OREGANO
SNUF ZWARTE PEPER
(ZELFGEMAAKTE) BECHAMELSAUS

Verwarm de oven voor op 200 graden. Schil de zoete aardappels en snijd ze in plakjes of kook ze in zijn geheel circa Snipper de ui en snijd de aubergine in kleine stukjes. Giet een scheutje olie of margarine in een pan en fruit de ui met 1 uitgeperste teen knoflook. Voeg na 2-3 minuten het gehakt en de kruiden toe. Bak het gehakt rul. Voeg daarna de blokjes aubergine toe en bak die circa 10 minuten mee totdat de aubergine zacht is. Daarna kan de tomatenpuree erbij en bak je die 1 minuut mee. Voeg vervolgens de tomatenblokjes toe en meng alles goed door elkaar. Laat de saus nog circa 5 minuten pruttelen. Bedek de bodem van de ovenschaal met plakjes zoete aardappel (ongeveer de helft). Daarna verdeel je de tomatensaus met gehakt er overheen. Als laatste verdeel je de rest van de plakjes aardappel over de ovenschotel. Je kunt dan wat geraspte kaas over het geheel strooien of een lekkere bechamelsaus. Wij kiezen zelf voor de bechamelsaus. Giet de bechamelsaus er overheen en maak af met een beetje geraspte kaas. Zet de moussaka ongeveer 20-25 minuten in de oven.

TIP:

Zelf bechamelsaus maken? Kijk op lekkerensimpel.com voor het recept.

Griekse kipsalon

RECEPT VOOR 2 PERSONEN
BEREIDINGSTIJD: 30 MIN.

500 GR OVENFRIETJES
2 KIPFILETS
2 TL GYROSKRUIDEN
1 KLEINE RODE UI
1 PAPRIKA
2 TOMATEN
100 GR FETA
HALVE KOMKOMMER

Je kunt de frietjes bereiden in de oven of in de airfryer. Bak ze volgens de bereidingswijze op het pak. Intussen snijd je de kipfilet in stukjes en breng je deze op smaak met gyroskruiden. Snijd ook de ui, paprika, tomaten, feta en komkommer in stukjes. Giet een scheutje olie in een pan en bak de kipstukjes in ongeveer 5 minuten gaar. Als de frietjes klaar zijn, schep je ze in een grote schaal. Verdeel de kip, feta, tomaat, paprika, ui en komkommer hier overheen. Serveren met bijvoorbeeld knoflooksaus.

VARIATIE

Italiaanse kapsalon

RECEPT VOOR 2 PERSONEN
BEREIDINGSTIJD: 25 MIN.
+10-15 MIN. IN DE OVEN

450 GR AARDAPPELS
200 GR RUNDERGEHAKT
1 UI
1-2 PAPRIKA'S
1 BOL MOZZARELLA
CHERRYTOMAATJES
PESTO

Verwarm de oven voor op 200 graden. Snijd de ui, paprika, mozzarella en cherrytomaatjes in stukjes. Schil de aardappels en snijd ze in blokjes. Bak de aardappelblokjes circa 10-12 minuten in een pan met een scheut olie. Giet een scheutje olie in een andere pan en bak het gehakt rul. Als het gehakt gaar is, voeg je de ui en paprika toe; bak dit een paar minuten mee. Zet het vuur uit. Verdeel de aardappelblokjes over de bodem van een ovenschaal. Schep het vlees met de ui en paprika eroverheen. Verdeel vervolgens de tomaatjes en mozzarella erover. Zet het geheel 10-15 minuten in de oven totdat de mozzarella gesmolten is. Serveer met een beetje pesto.

POPULAIR

Spinazie-ovenschotel met ei

RECEPT VOOR 2 PERSONEN
BEREIDINGSTIJD: 20 MIN. + 15 MIN. IN DE OVEN

400 GR SPINAZIE À LA CRÈME (ONTDOOID)
500 GR AARDAPPELSCHIJFJES
2 EIEREN
1 UI
100 ML KOOKROOM
125 GR SPEKREEPJES
50-75 GR GERASPTE KAAS
SNUFJE ZOUT EN PEPER

Verwarm de oven voor op 180 graden. Kook de aardappelschijfjes ongeveer 5-7 minuten totdat ze zacht zijn. Kook de eieren in een pan ongeveer 8 minuten totdat ze hardgekookt zijn, laat ze schrikken in koud water, verwijder de schil en snijd ze in plakjes. Snipper de ui. Giet een scheutje olie in een pan en fruit de ui aan. Voeg na een paar minuten de spekreepjes toe en bak die mee totdat ze bruin zijn. Daarna voeg je de spinazie à la crème toe en meng je alles door elkaar. Zet na een paar minuten het vuur uit. Verdeel de aardappelschijfjes over de bodem, giet het spek/spinaziemengsel hier overheen. Leg de plakjes ei hier bovenop. Vervolgens giet je ongeveer 100 ml kookroom over de ovenschotel. Strooi er nog lekker wat geraspte kaas overheen en zet de ovenschotel ongeveer 15 minuten in de oven.

TIP:
Vervang de spekreepjes eens door (vegetarisch) gehakt.

POPULAIR

Pasta-ovenschotel met tonijn

RECEPT VOOR 2 PERSONEN
BEREIDINGSTIJD: 15 MIN. + 15 MIN. IN DE OVEN

150 GR PASTA
1 BLIKJE TONIJN (160 GR)
400 GR TOMATENBLOKJES
2 PAPRIKA'S
1 BOL MOZZARELLA
1 RODE UI
1 BLIKJE TOMATENPUREE (70 GR)
2 TENEN KNOFLOOK
2 TL BASILICUM
SNUFJE ZOUT EN PEPER
EVENTUEEL WAT GERASPTE KAAS

Verwarm de oven voor op 180 graden. Kook de pasta volgens de bereidingswijze op het pak. Snijd de ui en paprika's in stukjes en de mozzarella in plakjes. Giet een scheutje olie in een pan en bak de ui met 2 uitgeperste tenen knoflook en de paprika aan. Voeg na ongeveer 5 minuten de basilicum en tomatenpuree toe. Bak de tomatenpuree 1 minuut mee en voeg dan de tomatenblokjes, tonijn en een snufje zout en peper toe. Laat de saus even pruttelen (minimaal 5 minuten) en voeg dan de gekookte pasta toe. Meng alles door elkaar en schep de pasta en de saus in een ovenschaal. Verdeel de plakjes mozzarella over de bovenkant. Eventueel kun je nog een beetje geraspte kaas eroverheen strooien. Zet de pasta-ovenschotel ongeveer 15 minuten in de oven.

TIP:

Wil je meer groente? Snijd een courgette in blokjes en doe die tegelijk met de paprika en ui in de pan.

Broodje ei speciaal

RECEPT VOOR 4 BROODJES
BEREIDINGSTIJD: 10-15 MIN. + 20 MIN. IN DE OVEN

4 BROODJES BIJV. KAISERBROODJES
2 EIEREN
¼ PAPRIKA
(VERSE) BIESLOOK
1 TL TIJM
SCHEUTJE KOOKROOM
HANDJE GERASPTE KAAS
SNUFJE ZOUT EN PEPER
1-2 PLAKJES ONTBIJTSPEK

Verwarm de oven voor op 200 graden. Snijd de paprika in stukjes en hak de bieslook fijn. Meng in een kom de eieren, paprika, bieslook, scheutje kookroom, tijm en een snufje zout en peper. Hol alle broodjes voorzichtig uit met je handen. Vul de broodjes met het ei-mengsel en verdeel wat geraspte kaas over het geheel. Zet de broodjes circa 20 minuten in de oven. Ondertussen bak ik zelf nog wat ontbijtspek krokant in een pan zonder olie. Laat het ontbijtspek daarna even uitlekken op een keukenpapiertje. Breek de ontbijtspek in stukjes en verdeel over de broodjes.

POPULAIR

Ravioli-ovenschotel met mozzarella

RECEPT VOOR 2 PERSONEN
BEREIDINGSTIJD: 15 MIN. + 10-15 MIN. IN DE OVEN

250 GR VERSE (VIERKAZEN)RAVIOLI
200 ML GEZEEFDE TOMATEN
1 BOL MOZZARELLA
PAAR PLAKJES HAM
1 UI
2 HANDJES GERASPTE KAAS
3 EL GROENE PESTO
1,5 EL ITALIAANSE KRUIDEN
SNUFJE ZOUT EN PEPER

Verwarm de oven voor op 200 graden. Zet een pan water op en kook de ravioli volgens de bereidingswijze op het pak. Snijd de ui, mozzarella en ham in stukjes. Giet een scheutje olie in een pan en fruit de ui aan. Voeg na 2 minuten de ham, gezeefde tomaten, Italiaanse kruiden en een snufje zout en peper toe. Laat de saus circa 5 minuten pruttelen. Voeg daarna de gekookte ravioli toe en meng alles door elkaar. Zet het vuur uit en schep alles in een ovenschaal. Verdeel de mozzarella, pesto en een beetje geraspte kaas over de ovenschotel. Zet de ravioli-ovenschotel ongeveer 10-15 minuten in de oven.

TIPS:

- Lekker met een salade caprese erbij.
- Voeg ook eens wat extra groenten toe aan de saus zoals courgette en paprika.

POPULAIR

Aardappel-ovenschotel met broccoli en kip

RECEPT VOOR 2-3 PERSONEN
BEREIDINGSTIJD: 20 MIN. + 30 MIN. IN DE OVEN

450 GR AARDAPPELS
250 GR KIPFILET
300 GR BROCCOLI
1 PAPRIKA
1 UI
1 RODE PEPER
1 TL PAPRIKAPOEDER
3 PLAKJES ONTBIJTSPEK
200 ML KOOKROOM
2 TL TIJM
50 GR GERASPTE KAAS
SNUFJE ZOUT EN PEPER

Verwarm de oven voor op 200 graden. Schil de aardappels en snijd ze in blokjes en kook ze ongeveer 5 minuten in een pan met water totdat ze zacht zijn. Kook de broccoliroosjes 8-10 minuten. Snijd de kipfilet in blokjes en breng op smaak met paprikapoeder, tijm, zout en peper. Giet een scheutje olie in een pan en bak de kip-stukjes gaar in ongeveer 5 minuten. Snijd de paprika, ui, rode peper en ontbijtspek in stukjes. Als de kip gaar is, voeg je de spek, ui, paprika en rode peper toe. Bak dit ongeveer 2-3 minuten mee en voeg dan de gekookte broccoli, kookroom en de ge-raspte kaas toe. Meng alles door elkaar en zet het vuur uit. Schep het kip-mengsel en de blokjes aardappel in een ovenschaal. Meng alles goed door elkaar en voeg eventueel extra geraspte kaas toe. Het is ook lekker om nog extra smaakjes toe te voegen, zoals knoflook en komijn. Zet de ovenschotel circa 25-30 minuten in de oven.

TIP:
Ook lekker met wortel in plaats van broccoli.

Wraptaart met gehakt

RECEPT VOOR 2 PERSONEN
BEREIDINGSTIJD: 20 MIN. + 15 MIN. IN DE OVEN

6 WRAPS
200 GRAM (VEGETARISCH) GEHAKT
250 GR GEZEEFDE TOMATEN
1 UI
2 TL ITALIAANSE KRUIDEN
¼ TL CHILIPOEDER
200 GR CHERRYTOMAATJES
1 POTJE PESTO (90 GR)
4-5 EETLEPELS RICOTTA (OF CRÈME FRAÎCHE)
2 TL GEHAKTKRUIDEN
50 GR GERASPTE KAAS
SNUFJE ZOUT EN PEPER

Verwarm de oven voor op 200 graden. Snipper de ui en snijd de tomaatjes in tweeën of vieren. Breng het gehakt op smaak met (gehakt)kruiden. Giet een scheutje olie in een pan en bak het gehakt rul. Voeg vervolgens de ui en de cherrytomaatjes toe en bak 3-4 minuten mee. Gooi dan het pakje gezeefde tomaten erdoor. Breng het geheel op smaak met de kruiden. Laat de saus circa 5-10 minuten pruttelen. Vervolgens kun je de wraptaart gaan maken. Begin met één wrap, daarna een laagje tomatensaus. Smeer een tweede wrap in met pesto en leg die erbovenop (met de besmeerde pesto kant naar beneden), weer een laagje tomatensaus, een wrap, een laagje tomatensaus, een wrap met pesto en een laagje tomatensaus. Ga zo door totdat je bij de laatste wrap bent. Smeer de laatste wrap in met ricotta (of crème fraîche). Verdeel wat geraspte kaas over de bovenkant en zet de wraptaart voor circa 15 minuten in de oven.

TIP:
Weinig tijd? Voeg dan een zakje gesneden groenten toe aan de saus in plaats van de cherrytomaatjes.

POPULAIR

Rösti-ovenschotel met kip

RECEPT VOOR 2 PERSONEN
BEREIDINGSTIJD: 15 MIN. + 20 MIN IN DE OVEN

450 GR DIEPVRIESRÖSTI
100 GR MAIS
100 GR DOPERWTEN
200 GR KIPFILET
200 GR PREI
1 COURGETTE
2 EL ROOMKAAS MET KRUIDEN
2 TL KIPKRUIDEN
HANDJE GERASPTE KAAS
SNUFJE ZOUT EN PEPER

Verwarm de oven voor op 200 graden. Verdeel de helft van de rösti over de bodem van een ovenschaal. Snijd de kipfilet, courgette en prei in stukjes. Breng de kipfilet op smaak met kipkruiden en giet een scheutje olie in een pan. Bak de kip rondom bruin en voeg dan de prei en courgette toe. Bak een paar minuten mee en gooi dan de doperwten en de maïs erdoor. Na een paar minuten kun je de roomkaas erbij doen. Meng alles goed door elkaar en zet het vuur uit zodra de roomkaas is gesmolten. Verdeel het kipmengsel over de rösti in de ovenschaal. Daarna nog een laagje rösti en een beetje geraspte kaas. Zet circa 20 minuten in de oven.

TIP:

Je kunt een kant-en-klare kruidenmix voor kip gebruiken of zelf een kruidenmix maken met 1 theelepel paprikapoeder, halve theelepel uienpoeder, halve theelepel knoflookpoeder, halve theelepel tijm en een snufje zout en peper.

POPULAIR

Nachos met kip

RECEPT VOOR 2 PERSONEN
BEREIDINGSTIJD: 15 MIN. + 15 MIN. IN DE OVEN

100 GR TORTILLACHIPS
200 GR KIPFILET
1 PAPRIKA
1 AUBERGINE
1,5 TL PAPRIKAPOEDER
HALVE TL GEMALEN KOMIJN
HALVE TL KNOFLOOKPOEDER
75 GR GERASPTE KAAS
2 BOSUIEN
SNUFJE ZOUT/PEPER

Verwarm de oven voor op 200 graden. Snijd de kipfilet, paprika, aubergine en bosuien in stukjes. Giet een scheutje olie in een pan en bak de kipstukjes met de kruiden rondom bruin. Voeg daarna de paprika en aubergine toe en bak ze ongeveer 5 minuten mee. Zet daarna het vuur uit. Verdeel een laagje tortillachips over een ovenschaal. Schep hier de helft van het kipmengsel overheen. Strooi ook wat geraspte kaas erover. Daarna weer een laagje tortillachips, de rest van het kipmengsel en als laatste weer wat geraspte kaas. Schuif de nachos ongeveer 15 minuten in de oven totdat de kaas gesmolten is. Serveer de nachos met fijngesneden bosui.

TIP:
Serveer de nachos ook eens met wat stukjes avocado.

Quesadilla met paprika

RECEPT VOOR 2 QUESADILLA'S
BEREIDINGSTIJD: 25 MIN.

4 WRAPS
1 PAPRIKA
1 UI
75 GR GERASPTE KAAS
¼ COURGETTE
2 TL BASILICUM
SNUFJE ZOUT EN PEPER

Snijd de paprika in reepjes, de ui in halve ringen en de courgette in plakjes. Giet een scheutje olie in een pan en bak de courgette en paprika ongeveer 5 minuten met een snufje zout en peper. Haal de courgette en paprika daarna uit de pan en leg apart op bakpapier. Leg een wrap in een pan met een beetje olie. Beleg de wrap met de groenten, een theelepel basilicum, snufje peper en wat geraspte kaas. Leg de tweede wrap hier bovenop. Bak de quesadilla in een pan met een beetje olie, ongeveer 3 minuten per kant.

VARIATIE

Quesadilla met kip en chorizo

RECEPT VOOR 2 QUESADILLA'S
BEREIDINGSTIJD: 25 MIN.

4 WRAPS
1 KIPFILET
2 TL MEXICAANSE KRUIDEN
100 GR CHORIZO
75 GR GERASPTE KAAS
1 AVOCADO
SNUFJE ZOUT EN PEPER

Snijd de kipfilet en chorizo in stukjes. Breng de kip op smaak met de Mexicaanse kruiden. Giet een scheutje olie in een pan en bak de kipstukjes in ongeveer 5 minuten gaar. Haal de kipstukjes uit de pan. Prak het vruchtvlees van de avocado met een vork. Verdeel de geprakte avocado over twee wraps. Beleg de wraps daarna met kip, chorizo en geraspte kaas. Leg op beide wraps een andere wrap. Bak de quesadilla's een paar minuten per kant totdat de kaas gesmolten is.

POPULAIR

Mexicaanse lasagne

RECEPT VOOR 2 PERSONEN
BEREIDINGSTIJD: 15-20 MIN. + 30 MIN. IN DE OVEN

1 PAK LASAGNEBLADEN
150 GR MAIS
150 GR KIDNEYBONEN
400 GR TOMATENBLOKJES
1 UI
1 PAPRIKA
1 TEEN KNOFLOOK
2 TL PAPRIKAPOEDER
1 TL KOMIJN
GERASPTE KAAS
100 ML CRÈME FRAÎCHE

Verwarm de oven voor op 200 graden. Snipper de ui en snijd de paprika in stukjes. Giet een scheutje olie in een pan en fruit de ui met 1 uitgeperste teen knoflook aan. Voeg na 2-3 minuten de paprika toe en bak die een paar minuten mee totdat de paprika wat zachter is. Dan voeg je de kruiden, tomatenblokjes, mais en kidneybonen toe en laat je alles circa 10 minuten zachtjes pruttelen. Verdeel een paar lepels van deze saus over de bodem van een ovenschaal, daarna een laagje lasagnebladen, laagje saus, laagje lasagnebladen. Eindig met een laagje tomatensaus. Verdeel hier wat geraspte kaas overheen. Zet de lasagne circa 30 minuten in de oven totdat de lasagnebladen zacht zijn en de kaas lekker gesmolten. Serveer met een lepeltje crème fraîche.

TIP:
Voeg ook eens 200 gr (vegetarisch) gehakt toe aan de saus.

POPULAIR

Ovenschotel met vis en doperwten

RECEPT VOOR 2 PERSONEN
BEREIDINGSTIJD: 20-25 MIN. + 15 MIN. IN DE OVEN

500 GR AARDAPPELS
2 VISFILETS ZOALS TILAPIA, KABELJAUW OF PANGASIUS (ONTDOOID)
250 GR DOPERWTEN (DIEPVRIES)
250 ML KOOKROOM
SCHEUT MELK
50 GR GERASPTE BELEGEN KAAS
SNUFJE ZOUT EN PEPER
PANEERMEEL
2 TL DILLE
SNUFJE ZOUT EN PEPER

Verwarm de oven voor op 200 graden. Schil de aardappels en snijd grote aardappels in stukken. Kook ze circa 20 minuten totdat ze gaar zijn. Giet het water af en stamp de aardappels tot puree met een scheut melk en een snuf zout en peper. Je kunt eventueel een blokje boter meestampen. Verwarm de kookroom in een pannetje. Snijd de vis in stukken en voeg de vis, doperwten, geraspte kaas, dille en een snuf zout en peper toe aan de kookroom. Een klein scheutje melk erbij en laat alles circa 10 minuten zachtjes koken. Schep de vis uit de pan en leg in een ovenschaal. Laat eventueel de roomsaus nog een beetje indikken (door de saus nog een paar minuten zachtjes te laten koken) en giet deze dan ook over de vis. Verdeel de aardappelpuree over de vis en maak af met wat paneermeel. Zet de ovenschotel circa 15 minuten in de oven totdat de bovenkant een mooi krokant korstje heeft gekregen.

POPULAIR

Bloemkoolovenschotel met ham

RECEPT VOOR 2 PERSONEN
BEREIDINGSTIJD: 20 MIN. + 30 MIN. IN DE OVEN

300 GR BLOEMKOOL
400 GR VOORGEKOOKTE AARDAPPELSCHIJFJES
50 GRAM HAMREEPJES OF SPEKREEPJES
50 GRAM GERASPTE KAAS
25 GRAM BOTER
25 GRAM BLOEM
300 ML MELK
ZOUT/PEPER

Verwarm de oven voor op 220 graden. Kook de bloemkool circa 6-8 minuten. Maak de kaassaus: smelt de boter in een pan, voeg de bloem toe, meng ze goed en laat dit 1 minuut bakken. Voeg vervolgens beetje voor beetje de melk toe. Voeg pas nieuwe melk toe als de melk is opgenomen. Ga zo door totdat de 300 ml melk op is. Voeg vervolgens de geraspte kaas en een snufje zout en peper toe. Goed mengen. Als de kaas is gesmolten, voeg je de hamreepjes toe en is je saus klaar. Gebruik je spekreepjes, dan moet je die eerst even krokant bakken in de pan. Verdeel de helft van de voorgekookte aardappelschijfjes over een ovenschaal. Leg hier de bloemkool overheen. Verdeel daarna de rest van de aardappelschijfjes over de bloemkool. Als laatste giet je de kaassaus over het geheel en strooi je eventueel nog een beetje geraspte kaas over de ovenschotel. Zet de bloemkoolovenschotel circa 30 minuten in de oven.

TIP:
Vervang de bloemkool eens door broccoli.

POPULAIR

Wraptaart met kip-pesto

RECEPT VOOR 2 PERSONEN
BEREIDINGSTIJD: 20 MIN. + 15 MIN. IN DE OVEN

4 WRAPS
350 GR KIPFILETBLOKJES
1-2 PAPRIKA('S)
1 BAKJE CHERRYTOMAATJES
1 UI
3 EL PESTO
3 EL CRÈME FRAÎCHE + 1-2 EL CRÈME FRAÎCHE VOOR BOVENOP
40 GR GERASPTE KAAS
1 EL ITALIAANSE KRUIDEN
SNUFJE ZOUT EN PEPER

Verwarm de oven voor op 200 graden. Snijd de kipfilet in stukjes en breng op smaak met zout en peper. Giet een scheutje olie in een pan en bak de stukjes kip gaar in ongeveer 5 minuten. Ondertussen snipper je het uitje en snijd de paprika en cherrytomaatjes in stukjes. Als de kip gaar is voeg je de paprika en ui toe en bak je dit ongeveer 5 minuten mee. Daarna gaan de Italiaanse kruiden erbij, en de cherrytomaatjes (bewaar een paar tomaatjes voor bovenop de taart), pesto en crème fraiche. Meng alles goed en zet na een paar minuten het vuur uit. Leg een wrap in een ovenschaal/springvorm. Verdeel hier ongeveer 1/3 van het kipmengsel overheen. Daarna weer een wrap, 1/3 van het kipmengsel, wrap en weer 1/3 van het kipmengsel. Je eindigt met een wrap waarop je een laagje crème fraîche smeert, wat tomaatjes eroverheen en vervolgens strooi je nog een beetje geraspte kaas over de bovenkant van de taart. Zet de wraptaart ongeveer 15 minuten in de oven.

TIP:
Je kunt eventueel nog wat rucola op de wraptaart doen als hij uit de oven komt.

POPULAIR

Mexicaanse ovenschotel

RECEPT VOOR 2 PERSONEN
BEREIDINGSTIJD: 20-25 MIN. + 10 MIN. IN DE OVEN

450 GR ZOETE AARDAPPELS
150 GR ZWARTE BONEN UIT BLIK
150 GR MAIS UIT BLIK
2 TOMATEN
1 PAPRIKA
1 RODE UI
1 TEEN KNOFLOOK
1 TL PAPRIKAPOEDER
HALVE TL KOMIJNPOEDER
GERASPTE KAAS
1 BEKERTJE CRÈME FRAÎCHE/ZURE ROOM
SNUFJE ZOUT EN PEPER

Verwarm de oven voor op 200 graden. Schil de zoete aardappels en snijd ze in plakjes/blokjes. Kook de aardappels ongeveer 10 minuten in een pan met water. Snipper de rode ui en snijd knoflook, paprika en tomaten in stukjes. Giet een scheutje olie in een pan en bak de ui met de knoflook. Voeg na 2 minuten de kruiden en de paprika toe en bak dit een paar minuten. Daarna gaan de tomatenblokjes, mais en zwarte bonen erbij. Meng alles en laat nog even pruttelen. Zet na een paar minuten het vuur uit. Meng de gekookte aardappelblokjes door het groentemengsel. Schep alles in een ovenschaal en verdeel wat geraspte kaas over het geheel. Zet de ovenschaal circa 10 minuten in de oven. Serveer de Mexicaanse ovenschotel met zoete aardappel met een schep zure room/crème fraîche.

TIP:

Vleesliefhebbers kunnen gehakt of kip toevoegen.

POPULAIR

Zoete aardappel ovenschotel met sperziebonen

RECEPT VOOR 2 PERSONEN
BEREIDINGSTIJD: 25 MIN. + 20 MIN. IN DE OVEN

250 GR SPERZIEBONEN
450 GR ZOETE AARDAPPELS
200 GR GEHAKT
300 GR TOMATENBLOKJES
1 UI
1 TEEN KNOFLOOK
1 TL TIJM
1 TL OREGANO
70 GR TOMATENPUREE
GERASPTE KAAS
1 EL GEDROOGDE BASILICUM
SNUFJE ZOUT EN PEPER

Verwarm de oven voor op 200 graden. Schil de zoete aardappels, snijd ze in vieren en kook ze 15 minuten. Giet het water af, bewaar een beetje kookvocht. Stamp de aardappels met het kookvocht tot puree en breng op smaak met zout en peper. Zet een tweede pan water op en kook de sperziebonen 5 minuten. Snijd de ui in halve ringen en de knoflook fijn. Giet een scheutje olie in een pan en fruit de ui met de knoflook aan. Voeg na 2 minuten het gehakt en de kruiden toe en bak dit rul. Daarna bak je de tomatenpuree 1 minuut mee. Als laatste meng je de tomatenblokjes en de gekookte sperziebonen erdoor. Zet dan het vuur uit. Afhankelijk van de grootte van je ovenschaal kun je eerst een laagje zoete aardappelpuree doen, dan de gehaktsaus en daarna weer zoete aardappelpuree en het geheel afmaken met wat geraspte kaas. Dit kun je doen in een diepe maar kleine ovenschaal. Gebruik je een wat grotere ovenschaal, schep dan eerst de saus in de ovenschaal en verdeel de zoete aardappelpuree hier overheen. Maak de schotel af met wat geraspte kaas. Zet de ovenschotel circa 20 minuten in de oven totdat de kaas gesmolten is.

Romige rijstschotel met kip en broccoli

RECEPT VOOR 2 PERSONEN
BEREIDINGSTIJD: 30 MIN.

150 GR RIJST
200 GR KIPFILET
250 GR BROCCOLIROOSJES
25 GR BOTER
25 GR BLOEM
150 ML BOUILLON (GROENTEN)
100 ML MELK
1 BOSUI
1 TL PAPRIKAPOEDER
1 TL KERRIEPOEDER
SNUFJE CHILIPOEDER
SNUFJE ZOUT EN PEPER

Kook de rijst volgens de bereidingswijze op het pak. Kook de broccoliroosjes 8-10 minuten. Snijd de bosui en kip in stukjes. Smelt de boter in een pan en bak de kipstukjes met de kruiden in 5 minuten gaar. Voeg daarna de bosui toe. Na 2 minuten kan de bloem erbij, meng dit goed door elkaar en bak 1 minuut mee. Giet daarna de bouillon en de melk erbij. Blijf ondertussen goed roeren. Is de saus te dun, voeg dan een beetje maizena of allesbinder toe. Is de saus te dik, giet er dan een beetje extra bouillon bij. Als de saus de goede dikte heeft (niet te vloeibaar), kunnen de broccoliroosjes erbij. Meng alles en serveer met de rijst.

TIP:

Vervang de rijst eens door (parel)couscous of pasta.

Risotto uit de oven

RECEPT VOOR 2 PERSONEN
BEREIDINGSTIJD: 10 MIN. + 30 MIN. IN DE OVEN

150 GR RISOTTORIJST
500 ML GROENTENBOUILLON
1 UI
1 TEEN KNOFLOOK
50 GR RUCOLA
BAKJE CHERRYTOMAATJES
2 EL PESTO
2 EL GERASPTE PARMEZAANSE KAAS

Verwarm de oven voor op 200 graden. Snipper de ui en snijd de knoflook fijn. Verwarm een beetje boter in een pan en fruit de ui met de knoflook aan. Voeg daarna de risottorijst toe en bak deze 1 minuut mee. Zet het vuur uit en schep alles in een ovenschaal. Giet de warme bouillon erbij en schep alles door elkaar. Zet de risotto ongeveer 30 minuten in de oven. Na een kwartier kun je een keertje roeren. Als alle bouillon is opgenomen en de rijst gaar is, haal je de risotto uit de oven. Meng de rucola, pesto, Parmezaanse kaas erdoor en voeg wat gehalveerde cherrytomaatjes toe. Serveer de risotto bijvoorbeeld met een caprese salade.

TIP:
Extra groenten toevoegen? Gebruik dan bijvoorbeeld een zakje Italiaanse wokgroenten.

POPULAIR

Kip pilav

RECEPT VOOR 2 PERSONEN
BEREIDINGSTIJD: 25-30 MIN.

200 GR KIPFILET
175 GR RIJST
1 UI
1 TEEN KNOFLOOK
2 PAPRIKA'S (EEN RODE EN EEN GELE)
2 PERZIKEN UIT BLIK
1 BLIKJE TOMATENPUREE (70 GR)
100 ML BOUILLON (GROENTEN OF KIP)
1 EL KETJAP MANIS
1 TL SAMBAL
SNUFJE ZOUT EN PEPER

Zet een pan water op en kook de rijst volgens de bereidingswijze op het pak. Snipper de ui en snijd de knoflook fijn. Snijd ook de paprika's, kipfilet en perziken in stukjes. Giet een scheutje olie in een pan en fruit de ui met de knoflook aan. Voeg na 2-3 minuten de stukjes kipfilet toe en een snuf zout en peper. Bak de kip rondom bruin en doe daarna de paprika's erbij. Bak dit een minuut of 5. Daarna kunnen de perziken en de tomatenpuree erbij. Bak dit 1 minuut en voeg dan de bouillon, ketjap manis, sambal en een snufje zout en peper toe. Laat dit 10 minuten zachtjes pruttelen. Zet vervolgens het vuur uit en serveer de kip pilav met rijst.

TIPS:

- Vervang de rijst eens door couscous.
- Voeg ook eens een courgette toe aan de kip pilav.

Broccoliovenschotel met andijvie

RECEPT VOOR 2 PERSONEN
TIJD: 20 MIN. + 15 MIN. IN DE OVEN

150 GR RIJST
150 GR GEROOKTE KIPFILET
300 GR BROCCOLI
200 GR ANDIJVIE
125 ML KOOKROOM
1 EI
HANDJE GERASPTE KAAS
1 TL PAPRIKAPOEDER
SNUFJE ZOUT EN PEPER

Verwarm de oven voor op 200 graden. Kook de rijst volgens de bereidingswijze op het pak. Kook de broccoli 8-10 minuten. Eventueel kun je de rijst en broccoli in dezelfde pan tegelijkertijd koken. Snijd de gerookte kipfilet in stukjes. Giet een scheutje olie in een pan en bak de andijvie ongeveer 8 minuten totdat zij geslonken is. Vervolgens meng je in een pan de gekookte rijst, broccoli, andijvie, gerookte kip, snufje zout en peper en de paprikapoeder. Meng in een kom het ei met de kookroom. Schep het rijstmengsel in een ovenschaal en giet het kookroommengsel er overheen. Als laatste strooi je wat geraspte kaas over de schotel. Zet de ovenschotel 15 minuten in de oven.

TIP:
Vervang de rijst eens door voorgekookte aardappelschijfjes.

POPULAIR

Rijstschotel met gehakt

RECEPT VOOR 2 PERSONEN
BEREIDINGSTIJD: 25 MIN.

175 GR RIJST
150 GR RUNDERGEHAKT
1 PREI
1 PAPRIKA
1 COURGETTE
1 BLIKJE TOMATENPUREE (70 GR) OF 100 ML TOMATENSAUS
1 EL BASILICUM
1 TL PAPRIKAPOEDER
1 UI
1 TEEN KNOFLOOK
SNUFJE ZOUT EN PEPER

Kook de rijst volgens de bereidingswijze op het pak. Snijd de prei, paprika, courgette, ui en knoflook in stukjes. Maak de prei goed schoon. Giet een scheutje olie in een pan en fruit de ui met de knoflook aan. Voeg na 2 minuten het gehakt toe en bak dit rul. Daarna bak je de prei, courgette en paprika 5-6 minuten mee. Giet dan de tomatenpuree of tomatensaus erbij. Als je tomatenpuree gebruikt, kun je eventueel nog een beetje water toevoegen. Strooi de kruiden erdoor en meng alles goed. Daarna kan de gekookte rijst erbij en meng je alles door elkaar. Verdeel de rijstschotel over twee borden.

TIP:
Weinig tijd? Gebruik een zakje wokgroenten!

Mexicaanse rijstschotel met gehakt

RECEPT VOOR 2 PERSONEN
BEREIDINGSTIJD: 20 MIN.

150 GR RIJST
150 GR GEHAKT
1 ZAK TORTILLACHIPS
1 PAPRIKA
1 UI
1,5 EL MEXICAANSE KRUIDEN
400 GR TOMATENBLOKJES
1 RODE PEPER
150 GR MAIS UIT BLIK
150 GR KIDNEYBONEN UIT BLIK

Kook de rijst volgens de bereidingswijze op het pak. Snipper de ui en snipper de paprika en de rode peper. Giet een scheutje olie in een pan en bak de ui met de paprika en de rode peper. Voeg na een paar minuten het gehakt en de Mexicaanse kruiden toe en bak rul. Daarna gooi je de tomatenblokjes, mais en kidneybonen erbij en laat dit nog 5 minuten pruttelen. Meng de gekookte rijst door de saus en serveer met wat (verkruimelde) tortillachips.

TIPS:

- Wil je zelf een Mexicaanse kruidenmix maken? Kijk op lekkerensimpel.com voor het recept.
- Vervang de kidneybonen eens door zwarte bonen.

Bloemkool nasi

RECEPT VOOR 2 PERSONEN
BEREIDINGSTIJD: 20-25 MIN.

500 GR BLOEMKOOL
1 PAPRIKA
1 PREI
2 BOSUIEN
100 GR HAMBLOKJES
1 RODE PEPER
2 EIEREN
2 EL NASIKRUIDEN

Begin met het raspen/fijnhakken van de rauwe bloemkool. Dit kun je doen met een keukenmachine of met een rasp. Snijd de paprika, bosui, prei en rode peper in stukjes. Giet een scheutje olie in een pan en bak de bloemkoolrijst ongeveer 5 minuten. Daarna voeg je de rest van de ingrediënten, behalve de eieren, toe. Bak ze ongeveer 5-7 minuten mee. Bak in een andere pan met de 2 eieren een omelet. Serveer de omelet op de nasi.

VARIATIE

Bloemkool risotto

RECEPT VOOR 2 PERSONEN
BEREIDINGSTIJD: 20 MIN.

500 GR BLOEMKOOL (RIJST)
250 ML KIPPENBOUILLON
50 GR RUCOLA
1 UI
2 TENEN KNOFLOOK
10 ZONGEDROOGDE TOMAATJES
1 TL PAPRIKAPOEDER
3 EL GEITENKAAS
300 GR VERSE SPINAZIE
2 EL PIJNBOOMPITTEN
SNUFJE ZOUT EN PEPER

Hak de bloemkool met een keukenmachine heel fijn. Je kunt ook kant-en-klare bloemkoolrijst gebruiken. Snipper de ui en snijd de knoflook fijn. Snijd ook de zongedroogde tomaatjes en de spinazie in stukjes. Giet een scheutje olie in een pan en bak de ui en knoflook. Voeg na 2 minuten de bloemkool en bouillon toe. Laat dit 10 minuten pruttelen. Vergeet niet regelmatig te roeren. Als bijna al het vocht is verdwenen, gaan de spinazie, geitenkaas, zongedroogde tomaatjes, paprikapoeder en pijnboompitten erbij. Meng alles goed en zet na een paar minuten het vuur uit. Afmaken met een snufje zout en peper.

Vega paella

RECEPT VOOR 2 PERSONEN
BEREIDINGSTIJD: 30 MIN.

150 GR PAELLARIJST
150 GR DOPERWTEN (DIEPVRIES)
200 GR SPERZIEBONEN
200 GR TOMATENBLOKJES
1 PAPRIKA
1 UI
2 TENEN KNOFLOOK
500 ML GROENTEBOUILLON
HALVE TL KOMIJNPOEDER
1 TL PAPRIKAPOEDER
SNUFJE ZOUT EN PEPER

Snipper de ui en snijd de knoflook fijn. Snijd de paprika in stukjes. Giet een scheutje olie in een pan en bak de ui, knoflook en paprika aan. Voeg na 2-3 minuten de rijst toe en bak de rijst 1 minuut mee. Daarna kan de bouillon, tomatenblokjes, komijnpoeder, paprikapoeder en een snufje zout en peper erbij. Laat de paella nu 20 minuten koken. Voeg na 5-10 minuten de sperziebonen toe. Vergeet niet zo nu en dan te roeren. Ongeveer 2-3 minuten voordat de paella klaar is, kun je de doperwten toevoegen. Verdeel de paella over twee borden.

TIP:
Voeg ook eens een paar handjes verse spinazie toe aan de paella.

Kipkerrie met rijst

RECEPT VOOR 2 PERSONEN
BEREIDINGSTIJD: 25 MIN.

250 GR KIPFILET
175 GR RIJST
200 GR DOPERWTEN (DIEPVRIES)
1 UI
250 ML KIPPENBOUILLON
2 EL BLOEM
2 EL KERRIEPOEDER
1,5 TL PETERSELIE
SCHEUTJE KOOKROOM
SNUFJE ZOUT EN PEPER
EVT. ALLESBINDER OF MAIZENA

Kook de rijst volgens de bereidingswijze op het pak. Snijd de kip in stukjes en breng haar op smaak met zout en peper. Snipper de ui. Verwarm een beetje boter of olie in een pan en bak de ui aan. Strooi na 2 minuten het kerriepoeder erdoor. Bak dit 1 minuut mee en voeg dan de kipfilet toe. Bak de kip gaar en voeg dan de bloem toe. Bak de bloem 1 minuut mee en giet dan de bouillon erbij. Breng de saus op smaak met peterselie. Laat de saus minimaal 10 minuten pruttelen. Voeg de laatste paar minuten de doperwten toe. Als de saus klaar is, giet je nog de kookroom erbij en meng je alles. Serveer de saus met de rijst.

TIP:
Voeg eens een paprika of een courgette toe aan de kip kerrie saus.

POPULAIR

Burrito bowl

RECEPT VOOR 2 PERSONEN
BEREIDINGSTIJD: CIRCA 25 MIN.

150 GR RIJST
2 TOMATEN
1 AVOCADO
150 GR MAIS
150 GRAM ZWARTE BONEN
3 EETLEPELS CRÈME FRAÎCHE
1 TL (MEXICAANSE) KRUIDEN
GERASPTE KAAS
VERSE KORIANDER OF PETERSELIE

Begin met het koken van de rijst volgens de instructies op de verpakking. Ondertussen snijd je de avocado en tomaten in blokjes. Zodra de rijst klaar is verdeel deze over twee diepe borden. Warm de bonen en de maïs even kort op in een pannetje totdat ze warm zijn. Verdeel de bonen en mais daarna over de twee borden bij de rijst. crème fraîche, kruiden en kaas erover en klaar.

TIPS:

- Je kunt ook van de tomaten een tomatensalsa maken, dan maak je het gerecht extra lekker. De tomaten (eventueel ontvellen) snijden in kleine blokjes. Snijd ook een lente-uitje in kleine stukjes. Meng de tomaat en het uitje met een beetje olijfolie, knoflook, een halve theelepel suiker en een snufje zout en peper.
- Ook lekker met vegetarische kipstukjes.

POPULAIR

Sushi bowl

RECEPT VOOR 2 PERSONEN
BEREIDINGSTIJD: 30 MIN.

250 GR SUSHIRIJST
2 KROKANTE KIPSCHNITZELS
1 AVOCADO
350 ML WATER
1,5 EL RIJSTAZIJN
HALVE KOMKOMMER
1 BLIKJE EDAMAME BOONTJES (UIT BLIK)
2 EL GEBAKKEN UITJES
EVT. SOJASAUS

Maak de sushirijst volgens de bereidingswijze op het pak. In mijn geval doe ik de rijst met 350 ml koud water in een pannetje. Dit breng je aan de kook en laat je daarna 10 minuten sudderen. Daarna zet je het vuur uit en laat je de pan met de deksel 15 minuten staan. Het kan zijn dat op de verpakking van jouw sushirijst een andere bereidingswijze staat. Meng de rijstazijn door de rijst en laat de rijst afkoelen. Ondertussen bak je de kipschnitzels 6-8 minuten in een koekenpan met een scheutje olie op middelhoog vuur. Snijd de avocado en komkommer in stukjes. Snijd de kipschnitzels ook in stukjes. Verdeel de rijst over twee borden en verdeel de stukjes kipschnitzel, avocado, komkommer, edamame boontjes en wat gebakken uitjes over de rijst. Lekker met nog een scheutje sojasaus.

TIPS:

- Kijk op www.lekkerensimpel.com voor een recept voor zelfgemaakte kipschnitzels.
- Ook lekker met gerookte zalm of tonijn in plaats van kip.

Röstikoek met zalm

RECEPT VOOR 2 PERSONEN
TIJD: 25-30 MIN.

4-5 AARDAPPELS
4-6 PLAKJES GEROOKTE ZALM
2 EIEREN
HALVE UI
SNUFJE PEPER
3 EL CRÈME FRAÎCHE
VERSE BIESLOOK

Schil de aardappels en rasp ze grof. Meng ze dan met de eieren en een snuf peper. Giet een scheutje olie in een pan en schep de geraspte aardappels in de pan en verdeel over de bodem. Zet de deksel op de pan en bak de röstikoek 10 minuten op middelhoog vuur. Vervolgens draai je de röstikoek om met behulp van een bord. Leg een bord op de rösti en keer de pan om. Laat daarna de rösti van het bord glijden weer in de pan zodat nu de andere kant kan bakken. Bak de rösti nog 5 minuten. Na 15 minuten zet je het vuur uit en beleg je de röstikoek met crème fraîche, zalm en bieslook.

VARIATIE

Zoete aardappel röstikoek met andijvie

RECEPT VOOR 2 PERSONEN
TIJD: 20 MIN.

500 GR ZOETE AARDAPPELS
100 GR ANDIJVIE
2 EIEREN
1 UI
1 EL TIJM
50 GR GEITENKAAS
SNUFJE ZOUT EN PEPER

Schil de zoete aardappels en rasp ze grof. Snipper de ui en snijd ook de andijvie in stukjes. Meng de andijvie met de ui en zoete aardappel, voeg daarna de eieren, tijm en een snuf zout en peper toe. Giet een scheut olie in een koekenpan en schep de geraspte aardappel in de pan. Verdeel dit goed over de bodem van de pan. Zet de deksel op de pan en bak de röstikoek ongeveer 10 minuten. Draai de koek met behulp van een bord om na 10 minuten. Daarna bak je de röstikoek nog 5 minuten. Verdeel de geitenkaas over de rösti.

Zoete aardappelstamppot met wortel

RECEPT VOOR 2 PERSONEN
BEREIDINGSTIJD: 30 MIN.

600 GR ZOETE AARDAPPELS
300 GR WORTELS
SCHEUTJE KOOKWATER
1 BOUILLONBLOKJE (TUINKRUIDEN)
50 GR RUCOLA
1 UI
100 GR FETA

Schil de zoete aardappels en de wortels en snijd ze in stukken die ongeveer even groot zijn. Doe de aardappels en wortels in een grote pan met het bouillonblokje en water en kook ongeveer 15 minuten totdat alles zacht is. Stamp het geheel fijn met een scheut kookwater. Voeg daarna de rucola, ui en feta toe en meng alles goed door elkaar.

VARIATIE

Italiaanse stamppot

RECEPT VOOR 2 PERSONEN
BEREIDINGSTIJD: 25 MIN.

500 GR AARDAPPELS
1 BOL MOZZARELLA
1 UI
2 TOMATEN
75 GR SALAMI
SCHEUT MELK
PAAR TAKJES VERSE PETERSELIE
SNUFJE ZOUT EN PEPER

Schil de aardappels en kook ze gaar in 20 minuten in een ruime pan met water. Snipper de ui en snijd de tomaten, mozzarella, peterselie en salami in stukjes. Als de aardappels gaar zijn, giet je het water af en stamp je de aardappels fijn met een snufje zout en peper en een scheut melk. Voeg daarna de mozzarella, ui, peterselie, tomaat en salami toe. Meng alles goed. Schep op 2 borden.

Aardappel-frittata

RECEPT VOOR 2 PERSONEN
BEREIDINGSTIJD: 30 MIN.

450 GR AARDAPPELS/KRIELTJES
1 UI
1 PAPRIKA
2 TL PAPRIKAPOEDER
1 TL KERRIEPOEDDER
SNUFJE CHILIPOEDER
3 EIEREN
SCHEUTJE KOOKROOM
SNUFJE ZOUT EN PEPER

Snipper de ui en snijd de paprika in kleine stukjes. Giet een scheutje olie in een pan en bak de ui met de paprika. Schil de aardappels en snijd ze in kleine blokjes. Breng de aardappelblokjes op smaak met de kruiden. Voeg de aardappelblokjes toe aan de pan en bak 15 minuten mee. Meng in een beker de eieren met de kookroom en een snuf zout en peper. Na ongeveer 15 minuten giet je het ei-mengsel er overheen. Zet de deksel op de pan en bak dit nog ongeveer 8 minuten op een zacht vuurtje. Als de bovenkant van de frittata is gestold, kun je de frittata met behulp van een bord omdraaien. Bak de frittata nog een paar minuten totdat de onderkant mooi bruin is.

VARIATIE

Broccoli frittata

RECEPT VOOR 2 PERSONEN
BEREIDINGSTIJD: 30 MIN.

300 GR BROCCOLIROOSJES
100 GR CHAMPIGNONS
1 UI
3 EIEREN
HANDJE GERASPTE OUDE KAAS
2 TL BASILICUM
1 TL KNOFLOOKPOEDER
SCHEUTJE KOOKROOM
SNUFJE ZOUT EN PEPER

Snipper de ui en maak de champignons schoon. Snijd de champignons in plakjes. Kook de broccoliroosjes ongeveer 8 minuten. Giet een scheutje olie in een pan en fruit de ui. Voeg daarna de champignons toe en bak die 5 minuten mee. Ondertussen meng je in een bakje de eieren met de kookroom en kruiden. Daarna kunnen de broccoliroosjes en het ei-mengsel erbij. Strooi ook de geraspte kaas over de frittata. Zet de deksel op de pan en bak dit nog ongeveer 8 minuten op een zacht vuurtje. Als de bovenkant van de frittata is gestold, kun je de frittata met behulp van een bord omdraaien. Bak de frittata nog een paar minuten totdat de onderkant mooi bruin is.

POPULAIR

Hutspot

RECEPT VOOR 3-4 PERSONEN
BEREIDINGSTIJD: 30-35 MIN.

750 GR KRUIMIGE AARDAPPELS
750 GR WORTELS/WINTERPENEN
1 GROTE UI
25 GR BOTER
50 ML MELK
SNUFJE ZOUT EN PEPER

Schil de aardappels en snijd ze in evengrote stukken. Snijd de ui in halve ringen. Schil de winterpenen en snijd ze in kleinere stukken. Doe de aardappels in de pan, dan de wortels en dan de ui. Vul de pan met water en kook het geheel 20-25 minuten met een snufje zout. Giet het water af en stamp de hutspot met een aardappelstamper. Er mogen best nog wat stukjes in zitten. Roer de boter en de melk door de hutspot en breng het geheel verder op smaak met zout en peper. Serveer bijvoorbeeld met een rookworst en/of gebakken spekjes.

TIPS:

- Voeg ook eens wat peterselie toe aan de hutspot.
- Ook lekker met wat geraspte oude kaas erdoor.

POPULAIR

Kip-groenteschotel

RECEPT VOOR 2 PERSONEN
BEREIDINGSTIJD: 25 MIN.

500 GR GESCHILDE KRIELTJES
250 GR KIPFILET
1 POT MET WORTELTJES EN DOPERWTJES (340 GR)
1 PAPRIKA
1-2 EIEREN
1,5 TL PAPRIKAPOEDER
2 TL OREGANO
HALVE TL KNOFLOOKPOEDER
SNUFJE ZOUT EN PEPER

Snijd de paprika en kip in stukjes. Bak de kipstukjes in een pan met oregano, knoflookpoeder, paprikapoeder en een snufje zout en peper. Als de kipstukjes gaar zijn, zet je het vuur uit en schep je ze uit de pan. Giet een scheutje olie in dezelfde pan en voeg de krieltjes toe. Bak de krieltjes ongeveer 15 minuten en voeg dan de paprika toe. Bak dit nog 5 minuten, daarna gaan de kip en worteltjes en doperwten erbij. Meng alles goed en breek 2 eieren bovenop de aardappelschotel. Zet een deksel op de pan en laat nog 5 minuten garen.

TIP:
Vervang de kipfilet eens door (vegetarische) spekjes.

Groenteburgers

RECEPT VOOR 4 BURGERS
BEREIDINGSTIJD: 30 MIN.

HALVE COURGETTE
70 GRAM DOPERWTEN UIT BLIK
60 GRAM MAIS
1 EI
5 EETLEPELS PANEERMEEL
HALVE THEELEPEL CHILIPOEDER
SNUFJE ZOUT EN PEPER
4 (HAMBURGERBROODJES)
EVENTUEEL SAUS, SLA, TOMAAT, KOMKOMMER

Rasp de courgette in een grote kom. Voeg vervolgens de maïs, doperwten, ei, paneermeel, chilipoeder en een snufje zout en peper toe. Meng alles goed en strooi eventueel wat extra paneermeel erdoor als het mengsel nog wat te "nat" is. Giet een scheutje olie in een pan en schep met een lepel wat van de groenten in de pan in de vorm van een burger. Bak 2 of 4 burgers tegelijkertijd. Bak elke burger ongeveer 2-3 minuten aan elke kant. Serveer de groenteburger op een broodje met eventueel wat sla, saus, tomaat en komkommer.

VARIATIE

Bonenburgers

RECEPT VOOR 3-4 BURGERS
BEREIDINGSTIJD: 20 MIN.

150 GR ZWARTE BONEN UIT BLIK
HALVE UI
3 EL PANEERMEEL
1 TEEN KNOFLOOK
1 TL KORIANDER
HALVE RODE PEPER
SNUFJE ZOUT EN PEPER
SERVEREN OP EEN KAISERBROODJE MET AVOCADO EN RUCOLA

Snipper de ui en snijd de knoflook en rode peper fijn. Giet een scheutje olie in een pan en fruit de ui met de knoflook en rode peper aan. Zet na een paar minuten het vuur uit. Gooi de zwarte bonen met de ui, knoflook, koriander, rode peper en een snufje zout en peper in een keukenmachine en maal even kort. Haal dit mengsel uit de keukenmachine en voeg de paneermeel toe. Meng dit met je handen door elkaar tot een stevig geheel (voeg eventueel wat extra paneermeel toe) en vorm met je handen 4 burgers. Bak de burgers in een pan met wat olie ongeveer 5 minuten. Serveer de bonenburgers op een kaiserbroodje met avocado en rucola.

Ratatouille

RECEPT VOOR 2-3 PERSONEN
BEREIDINGSTIJD: 35-40 MIN.

1 COURGETTE
1 PAPRIKA
1 BLIK TOMATENBLOKJES (400 GR)
1 THEELEPEL PAPRIKAPOEDER
1 THEELEPEL TIJM
100 GRAM KIKKERERWTEN UIT BLIK
1 UI
1 TEEN KNOFLOOK
HALF BOUILLONBLOKJE (GROENTEN)
150 GRAM RIJST OF PASTA OF COUSCOUS
SNUFJE ZWARTE PEPER

Begin met het opzetten van een pan water voor de rijst, pasta of couscous en bereid deze volgens de bereidingswijze op het pak. Snijd de courgette, paprika, ui en knoflook in kleine stukjes. Giet een scheutje olie in een pan en bak de courgette, paprika, ui en knoflook aan. Voeg na circa 3-4 minuten de tomatenblokjes, paprikapoeder, snufje peper, half bouillonblokje en de tijm toe. Laat het geheel nu lekker pruttelen, minimaal 10-15 minuten. Voeg de laatste 5 minuten de kikkererwten toe en serveer de ratatouille met de pasta, rijst of couscous.

TIP:
Vervang de kikkererwten eens door linzen.

Linzencurry

RECEPT VOOR 2 PERSONEN
BEREIDINGSTIJD: 25 MIN.

500 GR AARDAPPELS
200 GR LINZEN UIT BLIK
300 GR TOMATENBLOKJES
1 COURGETTE
1 BOSUI
2 TENEN KNOFLOOK
1 TL KOMIJN
1 TL PAPRIKAPOEDER
SNUFJE ZOUT EN PEPER

Schil de aardappels en snijd ze in blokjes. Snijd de bosui, courgette en knoflook ook in stukjes. Giet een scheutje olie in een pan en voeg de aardappels, courgette, ui en knoflook toe. Voeg na een paar minuten de kruiden en de tomatenblokjes toe en laat alles ongeveer 10-15 minuten zachtjes koken totdat de aardappels zacht zijn. De laatste paar minuten voeg je de linzen toe en warm je het geheel nog even op. Serveer de linzencurry met bijvoorbeeld naan en/of rijst.

Gado gado

RECEPT VOOR 2 PERSONEN
BEREIDINGSTIJD: 30 MIN.

150 GR RIJST
400 GR KRIELTJES
300 GR WORTELTJES
4 EIEREN
100 GR TAUGÉ
1 KOMKOMMER
2 HANDJES KROEPOEK

VOOR DE PINDASAUS:
250 ML MELK
3 EL PINDAKAAS
SCHEUTJE KETJAP MANIS
SNUFJE CHILIPOEDER

Kook de rijst volgens de bereidingswijze op het pak. Kook de eieren hard in 8 minuten en kook de worteltjes 10 minuten. Kook de taugé heel kort, 1-2 minuten. Giet een scheutje olie in een pan en bak de krieltjes 10-15 minuten tot ze zacht en bruin zijn. Snijd de komkommer en gekookte eieren in stukjes. Maak vervolgens ook de pindasaus of gebruik een kant-en-klare variant. Verwarm de melk in een pannetje en lepel de pindakaas door de warme melk. Laat dit smelten, terwijl je goed blijft roeren. Voeg eventueel naar smaak meer pindakaas toe. Dan de ketjap manis en de chili erbij en klaar is de pindasaus. Schep wat rijst, ei, krieltjes, wortel, taugé en komkommer op een bord. Serveer met wat pindasaus en verkruimelde kroepoek.

Groentelasagne

RECEPT VOOR 2 PERSONEN
TIJD: 20 MIN. + 20 MIN. IN DE OVEN

400 GR TOMATENBLOKJES
330 ML GEZEEFDE TOMATEN
1 COURGETTE
1 EL ITALIAANSE KRUIDEN
200 GR GEHAKT
2 PAPRIKA'S
1 BOL MOZZARELLA
1 UI
2 TENEN KNOFLOOK
GERASPTE KAAS
SNUFJE ZOUT EN PEPER

Verwarm de oven voor op 220 graden. Snipper de ui en snijd de paprika's en knoflook in stukjes. Bak het gehakt rul met de Italiaanse kruiden en een snufje zout en peper. Voeg daarna de ui, paprika en knoflook toe. Bak dit een paar minuten mee en gooi dan ook de tomatenblokjes, gezeefde tomaten erdoor en nog een snufje zout en peper. Laat de saus 10 minuten pruttelen. Snijd de courgette in plakken en ze 1-2 minuten per kant in een pan met een scheutje olie. Snijd de mozzarella in plakken. Verdeel een paar lepels van de tomatensaus over de bodem van een ovenschaal. Leg hier wat plakjes courgette op, laagje tomatensaus, laagje courgette, laagje tomatensaus enzovoorts. Eindig met een laagje courgette. Verdeel hier de plakjes mozzarella overheen en strooi als laatste wat geraspte kaas over de lasagne. Zet de lasagne ongeveer 20 minuten in de oven.

TIP:
Gebruik ook eens vegetarisch gehakt.

Bloemkoolsteak

RECEPT VOOR 2 STEAKS
BEREIDINGSTIJD 20-25 MIN.

HALVE BLOEMKOOL
¼ TL KNOFLOOKPOEDER
1 EL PAPRIKAPOEDER
1 EL OLIJFOLIE
HALVE TL KOMIJNPOEDER
SNUFJE CHILIPOEDER
SNUFJE PEPER EN ZOUT

Snijd de bloemkool in 2-3 dikke plakken. Meng in een bakje de rest van de ingrediënten tot een kruidenolie. Smeer de bloemkool in met de kruidenolie. Bak of grill de steaks aan beide kanten 5-10 minuten tot ze mooi bruin zijn. Serveer de bloemkoolsteaks bijvoorbeeld met tomatensalsa en aardappeltjes.

TIP:
De bloemkoolsteak smaakt ook lekker bij de vegetarische burrito bowl van blz. 114.

Omelet met salade

RECEPT VOOR 1 PERSOON
BEREIDINGSTIJD: 15 MIN.

3 EIEREN
75 GR MAIS UIT BLIK
¼ KOMKOMMER
SCHEUTJE MELK
1 TL OREGANO
1 TL DILLE
1 TOMAAT
HANDJE RUCOLA
SNUFJE ZOUT EN PEPER

Breek de eieren boven een kom en meng ze met een scheutje melk, snufje zout en peper, dille en oregano. Giet wat olie in een pan en bak de omelet ongeveer 4 minuten. Ondertussen snijd je de tomaten en komkommer in stukjes. Meng de stukjes tomaat, mais, komkommer, rucola en een scheutje olie in een kom. Serveer de omelet op een bord met de salade.

TIP:
Het is ook lekker om de salade op de omelet te serveren en als een soort wrap te eten.

Pizza pannenkoek

RECEPT VOOR CIRCA 4-6 PANNENKOEKEN
BEREIDINGSTIJD: 25 MIN.

2 EIEREN
500 ML MELK
250 GR BLOEM
TOMATENSAUS
OREGANO
GERASPTE PARMEZAANSE KAAS
1 RODE UI
75 GR RUCOLA
PIJNBOOMPITTEN
CREMA DI BALSAMICO
SNUFJE ZOUT EN PEPER

Verwarm de oven voor op 200 graden. Snijd de ui in stukjes. Meng in een kom de eieren met de melk en bloem. Verwarm een beetje olie of boter in een pan en giet wat van het beslag in de pan. Bak de pannenkoek ongeveer 2 minuten per kant totdat hij bruin is. Bak met de rest van het beslag de andere pannenkoeken. Beleg de pannenkoeken met wat tomatensaus, ui, oregano, snufje zout en peper en Parmezaanse kaas. Bak de belegde pannenkoeken ongeveer 5 minuten in de oven. Maak de pannenkoeken af met crema di balsamico en pijnboompitten.

POPULAIR

Stoofpotje met champignons

RECEPT VOOR 2 PERSONEN
BEREIDINGSTIJD: 30 MIN.

300 GR CHAMPIGNONS
1-2 AUBERGINE(S)
1 UI
1 TEEN KNOFLOOK
250 ML (GROENTE-)BOUILLON
1 EL BLOEM
1 EL TOMATENPUREE
2 TL TIJM
1 LAURIERBLAADJE
SNUFJE ZOUT EN PEPER

Snipper de ui en snijd de knoflook fijn. Maak de champignons schoon en snijd de champignons en de aubergine in stukjes. Zelf snijd ik de champignons in plakjes en de aubergine in kleine blokjes. Verwarm een klein blokje boter (zo'n 25 gram) in een pan. Voeg de ui en knoflook toe en bak dit een paar minuten. Daarna kunnen de champignons en de aubergine erbij en bak je ze ongeveer 5 minuten mee. Voeg vervolgens de bloem toe, meng goed door de andere ingrediënten en bak 1 minuut mee. Doe daarna ook de tomatenpuree erbij en bak dit ook een minuut mee. Vervolgens voeg je de bouillon, tijm, laurierblaadje en een snufje zout en peper toe. Laat dit nog ongeveer 15 minuten pruttelen. Verwijder vervolgens het laurierblaadje en zet het vuur uit. Serveer het stoofpotje met champignons en bijvoorbeeld rijst.

TIP:
Ook lekker met bijvoorbeeld een dikke plak brood. Doop het brood in de saus en smullen maar.

POPULAIR

Marokkaanse couscous met courgette

RECEPT VOOR 2 PERSONEN
BEREIDINGSTIJD: 20-25 MIN.

175 GR COUSCOUS
1 PAPRIKA
1 COURGETTE
500 ML WATER
1 BOUILLONBLOKJE
1 TEEN KNOFLOOK
HANDJE ROZIJNEN
2 TL RAS EL HANOUT KRUIDEN
HANDJE WALNOTEN
1 UI
SNUFJE ZOUT EN PEPER

Maak de bouillon met 500 ml water en 1 bouillonblokje. Doe de couscous in een bakje en vul de kom ongeveer tot 1 cm boven de couscous met bouillon. Het kan zijn dat je bouillon overhoudt. Dek de kom af met een schone theedoek en laat dit circa 10 minuutjes staan. Na 10 minuten haal je de theedoek van de kom en roer je de couscous met een vork even door. Ondertussen snijd je de paprika, courgette en knoflook in stukjes. Giet een scheut olie in een pan en bak de ui, paprika en courgette 5-10 minuten. Voeg daarna de kruiden, rozijnen en knoflook toe en bak dit nog 2-3 minuten. Als laatste voeg je de walnoten en gekookte couscous toe en meng je alles. Zet het vuur uit en verdeel de couscous over twee borden.

TIP:
Voeg ook eens wat stukjes gedroogde perzik toe.

POPULAIR

Griekse orzo met feta

RECEPT VOOR 2 PERSONEN
BEREIDINGSTIJD: CIRCA 20-25 MIN.

150 GR ORZO (OOK WEL RISONI)
1-2 PAPRIKA('S)
100 GR FETA
2 TOMATEN
1 UI
1 TL OREGANO
200 ML TOMATENFRITO
150 ML BOUILLON
2 TENEN KNOFLOOK
1,5 TL GRIEKSE KRUIDEN/GYROS KRUIDEN

Snijd de ui, knoflook, paprika('s) en tomaten in stukjes. Giet een scheutje olie in een pan en bak de ui en paprika. Voeg na een paar minuten de orzo, tomatenfrito, kruiden, tomaten en de bouillon toe. Breng het geheel aan de kook en kook de orzo 8 minuten (dit staat op onze verpakking). Let op: de orzo plakt snel aan de bodem van de pan, dus roer zeer regelmatig. Na 8 minuten voeg je de feta toe en meng je alles door elkaar. Zet het vuur uit en serveer direct, bijvoorbeeld met gehaktballetjes.

TIPS:

- Orzo, ook wel risoni genoemd, is een gedroogde pastasoort en vind je gewoon in de supermarkt.
- Op www.lekkerensimpel.com kun je een recept vinden voor een zelfgemaakte Griekse kruidenmix.

Kippensoep met rijst

RECEPT VOOR 2 PERSONEN
BEREIDINGSTIJD: 30 MIN.

1 LITER KIPPENBOUILLON
250 GR GESNEDEN SOEPGROENTEN
1 KIPFILET
25 GR BOTER
2 EL BLOEM
50 GR RIJST

Smelt de boter in een soeppan en voeg de bloem toe. Meng dit en voeg na 1 minuut de bouillon toe. Meng nogmaals alles goed gooi de soepgroenten en de kipfilet erbij. Breng de soep aan de kook en laat 10-15 minuten pruttelen totdat de kipfilet gaar is. Haal de kipfilet uit de soep en snijd de kipfilet in stukjes. Voeg de stukjes kip weer toe aan de soep, net zoals de rijst. Laat de soep nog 10 minuten koken, vergeet niet af en toe te roeren.

TIP:
Voeg ook eens een fijngesneden bosui en paprika toe aan de soep.

Snelle tomatensoep

RECEPT VOOR 2-3 PERSONEN
BEREIDINGSTIJD: 15-20 MIN.

400 GR TOMATENBLOKJES (UIT BLIK)
500 ML GROENTEBOUILLON
1 UI
1 TEEN KNOFLOOK
2 EL TOMATENPUREE
2 TL ITALIAANSE KRUIDEN
SNUFJE ZOUT EN PEPER

Snipper de ui en snijd de knoflook fijn. Giet een scheutje olie in een pan en bak de ui en knoflook 2-3 minuten. Schep dan de tomatenpuree erbij en bak die 1 minuut mee. Daarna kunnen de tomatenblokjes, Italiaanse kruiden en de bouillon erdoor. Breng de soep aan de kook en haar 5-10 minuten zachtjes koken. Pureer de soep met een staafmixer en serveer dan bijvoorbeeld met een stokbroodje en kruidenboter.

ZELF KRUIDENBOTER MAKEN?

Dit heb je nodig: 125 gr zachte boter/margarine, bosje bieslook, bosje peterselie, 2 tenen knoflook, scheutje citroensap en een snufje zout en peper.

Snijd de bieslook en peterselie heel fijn en pers de knoflook uit. Meng in een bakje de bieslook, peterselie, snufje zout en peper, knoflook en boter/margarine. Schep de kruidenboter in een bakje en bewaar hem in de koelkast tot je hem gaat gebruiken.

POPULAIR

Broccolisoep

RECEPT VOOR 2 PERSONEN
BEREIDINGSTIJD: 20 MIN.

300 GRAM BROCCOLI
1 RODE PAPRIKA
1 UI
1 TEENTJE KNOFLOOK
500 ML GROENTEBOUILLON
2 TL TIJM
1 THEELEPEL PAPRIKAPOEDER
SCHEUT KOOKROOM
SNUFJE ZOUT EN PEPER

Snipper de ui en snijd de knoflook fijn en de paprika in blokjes. Snijd de broccoli in kleine roosjes. Alles hoeft niet te fijn gesneden te worden, straks gaat de staafmixer er nog overheen. Fruit de ui en knoflook aan. Voeg de paprika toe en bak even mee, ongeveer 3 minuutjes. Voeg daarna de broccoli en kruiden toe en bak ze ook even mee. Giet de bouillon erdoor en breng aan de kook. Laat de soep 10 minuten zachtjes koken. Pureer de soep tot deze mooi glad is. Voeg een scheut kookroom toe en laat de broccolisoep nog een minuutje doorkoken.

TIP:
Serveer de broccolisoep eens met wat gerookte zalmsnippers.

POPULAIR

Tomaten-paprika soep

RECEPT VOOR 2 PERSONEN
BEREIDINGSTIJD: 30 MIN.

5 TOMATEN
100 GR GEROOSTERDE PAPRIKA'S (UIT EEN POT)
100 GR WORTEL
1 UI
2 TENEN KNOFLOOK
600 ML BOUILLON (TUINKRUIDEN)
2 TL ITALIAANSE KRUIDEN
1 TL BASILICUM
SNUFJE ZOUT EN PEPER

Snijd de ui, knoflook, wortel, paprika's en tomaten in stukjes. Giet een scheutje olie in een pan en fruit de ui met de knoflook aan. Voeg na 2-3 minuten de wortel, tomaten, paprika's, Italiaanse kruiden, basilicum, bouillon en een snufje zout en peper toe. Kook de soep 15-20 minuten totdat de wortels zacht zijn. Pureer de soep met een staafmixer.

TIP:
Ook lekker met gehaktballetjes in de soep.

Cola kip

RECEPT VOOR 2 PERSONEN
BEREIDINGSTIJD: 30 MIN.

400 GR KIPFILET
1 BLIKJE COLA
1 TEEN KNOFLOOK
2 EL SOJASAUS
1 KLEINE UI
2 EL KETJAP MANIS
EVT. ALLESBINDER/MAIZENA
HANDJE CASHEWNOTEN

Snijd de kipfilet in stukjes, evenals de ui en knoflook. Giet een scheutje olie in een pan en bak de kip met de ui en knoflook. Als de kip rondom bruin is, voeg je de ketjap en sojasaus toe. Bak dit even mee en voeg dan de cola toe totdat de kip net onderstaat. Laat dit ongeveer 15 minuten zachtjes koken. Voeg dan eventueel nog wat allesbinder of maizena toe, als de saus nog niet dik genoeg is. Serveer de cola kip met bijvoorbeeld rijst, gekookte sperziebonen en wat fijngehakte cashewnoten of op een broodje met sla.

Hete kip

RECEPT VOOR 2 PERSONEN
BEREIDINGSTIJD: 25-30 MIN.

400 GR KIPFILET
4 EL KETCHUP
5 EL KETJAP MANIS
3 TL SUIKER
1,5 TL SAMBAL
1,5 EL PINDAKAAS
1 KLEINE UI
2 TENEN KNOFLOOK
SNUFJE ZOUT EN PEPER

Snijd de kipfilet in blokjes, snipper de ui en snijd de knoflook fijn. Giet een scheutje olie in een pan en bak de ui en knoflook. Voeg na 2 minuten de kipfilet en een snufje zout en peper toe. Bak de kip in 5 minuten gaar en voeg dan de ketchup, ketjap, sambal, suiker en pindakaas toe. Laat dit 5 minuten bakken. Giet er eventueel een scheutje water bij, als het geheel wat te droog wordt. Serveer de hete kip op een broodje of met aardappeltjes en groenten of met rijst en een komkommersalade.

Kip cashew met noedels

RECEPT VOOR 2 PERSONEN
BEREIDINGSTIJD: 30 MIN.

300 GR KIPFILET
175 GR NOEDELS
1 UI
1 RODE PEPER
2 PAPRIKA'S
3 EL SOJASAUS
1 EL KETCHUP
1 EL HONING
1 TEEN KNOFLOOK
HANDJE CASHEWNOTEN

Kook de noedels volgens de bereidingswijze op het pak. Snijd de kip, ui, knoflook, rode peper en paprika in stukjes. Giet een scheutje olie in een pan en bak de kipfilet met een snufje zout en peper rondom bruin. Daarna kan de ui met de knoflook, rode peper en paprika erbij. Bak dit een paar minuten mee en voeg dan ook de sojasaus, honing en ketchup toe. Laat dit nog een paar minuten zachtjes koken en schep dan de gekookte noedels en wat fijngehakte cashewnoten erbij. Zet het vuur uit en verdeel de noedels over twee borden.

TIP:
Vervang de noedels eens door rijst.

Zoetzure gehaktballetjes

RECEPT VOOR 2 PERSONEN
BEREIDINGSTIJD: 30 MIN.

250 GR GEHAKT
150 GR RIJST
2 TL TOMATENPUREE
100 ML GEZEEFDE TOMATEN
2 PAPRIKA'S
1 TEEN KNOFLOOK
1 UI
1 EI
4 EL KETCHUP
4 EL ANANASSAP
1 TL AZIJN
PANEERMEEL
2 TL GEHAKTKRUIDEN
EVT. ALLESBINDER
SNUFJE ZWARTE PEPER

Kook de rijst volgens de bereidingswijze op het pak. Doe het gehakt, ei en de gehaktkruiden in een kom. Voeg beetje voor beetje paneermeel toe (circa 3-4 el) totdat je een stevige massa hebt. Maak met je handen kleine balletjes van het gehakt. Snipper de ui en snijd de knoflook en paprika's in stukjes. Giet een scheutje olie in een pan en bak de ui, knoflook en paprika. Voeg na een paar minuten de gehaktballetjes toe en bak de ze rondom bruin. Daarna kan de tomatenpuree, gezeefde tomaten, ketchup, ananassap, azijn en een snufje zwarte peper erbij. Laat dit nog 5 minuten zachtjes koken. Serveer de rijst met de gehaktballetjes.

Italiaanse kalkoenburger

RECEPT VOOR 2 PERSONEN
BEREIDINGSTIJD: 25 MIN.

300 GR KALKOENGEHAKT
1 EI
1 TEEN KNOFLOOK
4 ZONGEDROOGDE TOMATEN
2 EL GERASPTE PARMEZAANSE KAAS
PANEERMEEL
1 TL BASILICUM
SNUFJE ZOUT EN PEPER

SERVEREN MET:
4 ITALIAANSE BOLLEN, PESTO,
1 RODE UI EN 1 BOL MOZZARELLA

Snijd de zongedroogde tomaatjes in stukjes. Meng het gehakt met het ei, 1 uitgeperste teen knoflook, zongedroogde tomaatjes, basilicum, Parmezaanse kaas en een snufje zout en peper. Voeg beetje voor beetje paneermeel toe totdat je een stevige massa hebt (ongeveer 3-4 el). Vorm met je handen 4 burgers van het gehakt. Giet een scheutje olie in een pan en bak de burgers 2-3 minuten per kant totdat ze gaar zijn van binnen en bruin van buiten. Ondertussen snijd je de mozzarella en ui in stukjes. Serveer de kalkoenburger op een Italiaanse bol met pesto, rode ui en mozzarella. Ook lekker met rucola en tomaatjes.

VARIATIE

Spaanse kipburger

RECEPT VOOR 2 PERSONEN
BEREIDINGSTIJD: 25 MIN.

300 GR KIPGEHAKT
HALVE UI
2 TL PAPRIKAPOEDER
SNUF CHILIPOEDER
1 TEEN KNOFLOOK
1 EI
PANEERMEEL

SERVEREN MET:
4 KAISERBROODJES, RUCOLA,
2 TOMATEN, AIOLI EN EEN HALVE UI

Snipper de ui. Meng het gehakt met de kruiden, de ui en het ei. Voeg daarna beetje voor beetje de paneermeel toe (ongeveer 4 el) totdat je een stevig mengsel hebt. Vorm met je handen 4 burgers van het gehakt. Giet een scheutje olie in een pan en bak de burgers 3 minuten per kant. Ondertussen snijd je 2 tomaten en een halve ui in stukjes. Serveer de kipburgers op een kaiserbroodje met rucola, aioli, tomaat en ui.

Sloppy Joe

RECEPT VOOR 2 PERSONEN
BEREIDINGSTIJD: 20-25 MIN.

4 HAMBURGERBROODJES
150 GR RUNDERGEHAKT
200 GR TOMATEN
1 UI
2 TENEN KNOFLOOK
1 TL SUIKER
2 EL KETCHUP
1 RODE PAPRIKA
1 RODE PEPER
50 GR RUCOLA
SNUFJE ZOUT EN PEPER

Bak de hamburgerbroodjes af volgens de bereidingswijze op het pak. Snipper de ui en snijd de knoflook fijn. Snijd de rode peper, tomaten en paprika in stukjes. Giet een scheutje olie in een pan en bak het gehakt rul. Bak daarna de ui, knoflook, paprika en rode peper 5 minuten mee en voeg dan de tomaten, suiker, ketchup en een snuf zout en peper toe. Laat dit 5-10 minuten zachtjes koken. Is de saus nog iets aan de dunne kant? Voeg dan een beetje allesbinder/maizena toe. Serveer de saus op een geroosterd hamburgerbroodje met wat rucola.

TIP:
Om het helemaal af te maken kun je frietjes bij de sloppy joe serveren.

Goulash met kip

RECEPT VOOR 2 PERSONEN
BEREIDINGSTIJD: 30 MIN.

400 GR KIPFILET
200 GR RIJST
300 GR TOMATENBLOKJES
500 ML KIPPENBOUILLON
1 UI
1 PAPRIKA
2 TENEN KNOFLOOK
1 TL PAPRIKAPOEDER
SNUFJE CHILIPOEDER
50 ML CRÈME FRAÎCHE
PAAR EL ALLESBINDER/MAIZENA
SNUFJE ZOUT EN PEPER

Kook de rijst volgens de bereidingswijze op het pak. Snijd de kipfilet en paprika in stukjes. Snipper de ui en snijd de knoflook fijn. Giet een scheutje olie in een pan en bak de ui met de knoflook, paprika, snufje zout en peper, paprikapoeder en chilipoeder. Voeg na 2-3 minuten de tomatenblokjes en bouillon toe. Meng alles en doe ook de blokjes kip erbij. Laat dit 10-15 minuten zachtjes koken tot de kip gaar is. Dan kan de crème fraîche erbij. Meng alles flink. Schep eventueel een paar lepels allesbinder of maizena erdoor, als de saus nog te waterig is. Serveer de goulash met rijst.

Sla wraps

RECEPT VOOR 2 PERSONEN
BEREIDINGSTIJD: 20 MIN.

1 KROP IJSBERGSLA
150 GR GEROOKTE KIPREEPJES
2 STENGELS BLEEKSELDERIJ
1 APPEL
2 EL MAYONAISE
2 EL MAGERE YOGHURT
SCHEUTJE CITROENSAP
HANDJE WALNOTEN
SNUFJE ZOUT EN PEPER

Haal de bladeren van de ijsbergsla voorzichtig los en was ze met water. Snijd de appel en bleekselderij in stukjes. Hak de walnoten fijn. Meng in een bakje de mayonaise, yoghurt, citroensap en een snufje zout en peper. Doe de stukjes appel, bleekselderij, walnoten, kipreepjes en dressing in een kom en meng alles goed door elkaar. Vul de slabladeren met de vulling.

Wraps met gehakt uit de oven

RECEPT VOOR 8 WRAPS/3-4 PERSONEN
BEREIDINGSTIJD: 20 MIN. + 10-15 MIN. IN DE OVEN

8 WRAPS
200 GR GEHAKT
800 GR TOMATENBLOKJES
1 PAPRIKA
1 UI
1 RODE PEPER
2 TENEN KNOFLOOK
1 TL BASILICUM
50 GR GERASPTE KAAS
SNUFJE ZOUT EN PEPER

Verwarm de oven voor op 200 graden. Snipper de ui en snijd de paprika, rode peper en knoflook in stukjes. Giet een scheutje olie in een pan en bak de ui met de knoflook, paprika en rode peper. Voeg na 2-3 minuten het gehakt toe en bak het rul. Daarna kan de helft van de tomatenblokjes erdoor, plus basilicum en een snuf zout en peper toe. Laat dit 5 minuten pruttelen en zet dan het vuur uit. Verdeel nog eens 200 gram tomatenblokjes over de bodem van een ovenschaal. Schep een paar lepels van de gehaktvulling op een wrap en rol de wrap op. Leg de opgerolde wraps in de ovenschaal naast elkaar. Verdeel de rest van de tomatenblokjes over de bovenkant. Als laatste strooi je de geraspte kaas erover. Bak de wraps 10-15 minuten in de oven.

TIP:
Het is lekker om de wraps te serveren met 2 avocado's die je in blokjes hebt gesneden.

POPULAIR

Pulled chicken

RECEPT VOOR 2-3 PERSONEN
BEREIDINGSTIJD: 15 MIN. + 1 UUR IN DE OVEN

400 GR KIPPENDIJFILET
1 FLESJE BARBECUESAUS (200 ML)
1 UI
2 TENEN KNOFLOOK
25 GR BOTER
SNUFJE PEPER EN ZOUT
KOOLSLA
WITTE BOLLETJES OF TURKS BROOD

Verwarm de oven voor op 160 graden. Breng de kippendijen op smaak met zout en peper. Snijd de ui in halve ringen. Smelt de boter in een pan en bak de kippendijen rondom bruin. Haal ze vervolgens uit de pan. Bak de ui en uitgeperste tenen knoflook in dezelfde pan aan. Zodra de ui glazig is, voeg je de kippendijen en de barbecuesaus toe. Meng alles door elkaar en zet het vuur uit. Wij gebruiken een gietijzeren pan die ook in de oven kan. Zet de deksel op de pan en schuif de pan in de oven voor ongeveer 1 uur. Na ongeveer één uur haal je kip uit de oven. Trek met behulp van 2 vorken de kip uit elkaar. Tip: schep alle stukken kip in een kom en gebruik een elektrische mixer (met een garde) om de kip razendsnel te plukken. Het klinkt gek, maar het werkt erg goed. Schep de kip daarna terug bij de saus. Serveer de pulled chicken op een broodje met koolsalade.

TIP:

- Heb je geen pan met een deksel die in de oven kan? Schep alles dan in een ovenschaal en dek het geheel af met aluminiumfolie.
- Op de website van lekkerensimpel.com kun je het recept voor de koolsalade met appel vinden.

POPULAIR

Kip pesto wraps uit de oven

RECEPT VOOR 2 PERSONEN
BEREIDINGSTIJD: 20 MIN. + 15 MIN. IN DE OVEN

300 GR KIPFILET
6 WRAPS
1-2 PAPRIKA('S)
2 BOSUIEN
2 TOMATEN
1,5 TL KIPKRUIDEN (ZELFGEMAAKT OF EEN KANT-EN-KLARE MIX)
4 TL PESTO
50 GR GERASPTE KAAS

Verwarm de oven voor op 200 graden. Snijd de kip in blokjes en breng de kip op smaak met kipkruiden. Giet een scheutje olie in een pan en bak de kip rondom gaar. Ondertussen snijd je de paprika, bosuien en tomaten in stukjes. Als de kipfilet rondom bruin is, voeg je de stukjes paprika, bosui en tomaat toe aan de kip. Laat dit 5 tot 10 minuten bakken. Voeg vervolgens de pesto toe en zet het vuur uit. Nu kunnen de wrap gevuld worden met de kip en groenten. Schep een paar lepels van de vulling op een wrap en rol de wrap op. Leg alle opgerolde wraps naast elkaar in een ovenschaal. Verdeel een beetje geraspte kaas over de bovenkant. Zet de kip-pesto wraps voor circa 15 minuten in de oven totdat de kaas gesmolten is.

TIP:
Deze wraps zijn lekker met de salade met kikkererwten van blz. 234.

ZELF EEN KIP KRUIDENMIX MAKEN?
Meng in een bakje 1,5 tl paprikapoeder, halve tl uienpoeder, halve tl koriander, halve tl knoflookpoeder, 1 tl tijm en een snuf zout en peper. Breng de kipfilet hiermee op smaak.

POPULAIR

Hachee

RECEPT VOOR 2 PERSONEN
BEREIDINGSTIJD: 15 MIN. + 2,5 TOT 3 UUR

350 GR HACHEEVLEES/RUNDERLAPPEN
1 LAURIERBLAADJE
2 UIEN
2 TL TIJM
25 GR ROOMBOTER
1-2 EL BLOEM
250 ML WATER + HALF BOUILLONBLOKJE RUND
1 TL SUIKER OF SCHENKSTROOP
2 TL TOMATENPUREE
SNUFJE ZOUT EN PEPER

Snijd het vlees in blokjes en snipper de ui. Breng het vlees op smaak met zout en peper. Smelt het blokje boter in een pan en bak het vlees rondom bruin. Voeg de ui toe en bak 2-3 minuten mee. Voeg daarna de bloem toe, meng door het vlees en de ui en bak ongeveer 1 minuut mee. Vervolgens voeg je de tomatenpuree toe en meng je dit even goed door het vlees. Daarna kan het water, bouillonblokje, suiker, tijm en het laurierblaadje erbij. Breng het geheel aan de kook en laat dit circa 2,5 tot 3 uur zachtjes pruttelen. Zet de deksel schuin op de pan. Na ongeveer 2,5 uur kun je met een vork het vlees 'uit elkaar te trekken'. Haal de deksel van de pan en laat het vlees nog ongeveer een half uurtje pruttelen totdat je een lekkere dikke saus overhoudt.

TIPS:

- Voeg ook eens wat blokjes appel toe of serveer de hachee met appelmoes.
- Je kunt de hachee heel traditioneel eten met gekookte aardappels en rode kool. Of kies eens voor hachee op brood, met bijvoorbeeld een rode koolsalade. Op lekkerensimpel.com kun je een lekker recept vinden.

POPULAIR

Snelle stroganoff met kip

RECEPT VOOR 2 PERSONEN
BEREIDINGSTIJD: 25 MIN.

200 GR KIPFILET
200 GR CHAMPIGNONS
1-2 PAPRIKA('S)
2 EL CRÈME FRAÎCHE
SCHEUT SLAGROOM
1 TL PAPRIKAPOEDER
1 TL KOMIJN
70 GR TOMATENPUREE
1 UI
2 TL OREGANO
175 GR RIJST

Maak de champignons schoon. Kook de rijst volgens de bereidingswijze op het pak. Snijd de ui, kipfilet, paprika en champignons in stukjes. Giet een scheutje olie in een pan. Bak de kip, met een snufje zout en peper, rondom bruin. Voeg vervolgens de ui, paprika en champignons toe. Bak dit circa 8-10 minuten totdat alles zacht is. Daarna voeg je de tomatenpuree toe en bak je dit 1 minuut mee om te ontzuren. Vervolgens voeg je de crème fraîche, slagroom, komijn en paprikapoeder toe. Meng alles goed door elkaar en zet na een paar minuten het vuur uit. Serveer de stroganoff met rijst, pasta, aardappeltjes of couscous.

TIPS:

- Ook lekker met runderreepjes.
- Dagje vegetarisch? Gebruik dan vegetarische kipreepjes.

POPULAIR

Noedels met gehakt

RECEPT VOOR 2 PERSONEN
BEREIDINGSTIJD: CIRCA 20 MIN.

175 GR NOEDELS
200 GR GEHAKT
1 COURGETTE
1-2 PAPRIKA'S
1 UI
2 TENEN KNOFLOOK
3 EL SOJASAUS
3 EL KETJAP MANIS
1 TL KORIANDER
1 TL PAPRIKAPOEDER
SNUFJE ZOUT EN PEPER

Kook de noedels volgens de bereidingswijze op het pak. Snijd ondertussen de courgette, paprika en ui in stukjes. Giet een scheutje olie in een pan en bak het gehakt met een snufje zout en peper rul. Daarna kunnen de stukjes courgette, ui en paprika erbij en bak dit nog even 5-10 minuten mee. Voeg vervolgens de sojasaus, ketjap manis en kruiden toe en meng alles door elkaar. Voeg na 1-2 minuten de gekookte noedels toe, even mengen en klaar.

TIP:
Voeg ook eens een blikje mais toe aan dit gerecht.

Visschotel met kerrie

RECEPT VOOR 2 PERSONEN
BEREIDINGSTIJD: 20 MIN.

2 PANGASIUSFILETS
300 GR SPERZIEBONEN
200 ML CREME FRAÎCHE
175 GR RIJST
2 GEROOSTERDE PAPRIKA'S (UIT EEN POT)
1 UI
1 TEEN KNOFLOOK
2 TL KERRIEPOEDER
SNUF CHILIPOEDER
1 TL PETERSELIE
SNUFJE ZOUT EN PEPER

Kook de rijst volgens de bereidingswijze op het pak. Kook de sperziebonen ongeveer 8 minuten. Snipper de ui en snijd de knoflook, paprika en visfilets in stukjes. Giet een scheutje olie in een pan en bak de ui met de knoflook en paprika. Voeg vervolgens de kruiden en de vis toe en bak dit totdat de vis gaar is. Daarna kan de crème fraîche en de gekookte sperziebonen erbij en laat je dit een paar minuten pruttelen. Zet het vuur uit en serveer de saus met de rijst.

TIPS:

- Ook lekker met gebakken aardappeltjes in plaats van rijst.
- Vervang de sperziebonen ook eens door broccoli.

Viswraps met witte kool

RECEPT VOOR 2-3 PERSONEN
BEREIDINGSTIJD: 20 MIN.

4-6 WRAPS
2 TILAPIAFILETS
150 GR WITTE KOOL
2 EL CITROENSAP
1 TL TIJM
1 KLEINE RODE UI
3 EL GRIEKSE YOGHURT
3 EL MAYONAISE
VERSE BIESLOOK
SNUFJE ZOUT EN PEPER

Breng de vis op smaak met een snufje zout, peper, citroensap en tijm. Verwarm een beetje boter in een pan en bak de vis gaar in ongeveer 5 minuten. Daarna snijd je de vis in stukjes. Snijd ondertussen de witte kool en ui in stukjes en meng dit in een kom met de Griekse yoghurt, mayonaise, snufje zout en peper en bieslook. Beleg een wrap met vis en de witte kool salade en rol de wrap op.

TIP:

Maak ook eens een Mexicaanse salade (bijv. de taco salade van blz. 245) bij dit recept en voeg deze toe aan de vulling.

Visburgers

RECEPT VOOR 6 BURGERTJES
BEREIDINGSTIJD: 25 MIN.

2 PANGASIUSFILETS
1 EI
2 EL PANEERMEEL
4 EL ALLESBINDER/MAIZENA
1 TL PETERSELIE
1 BOSUI
6 KAISERBROODJES
100 GR RUCOLA
1 KOMKOMMER
KNOFLOOKSAUS
SNUFJE ZOUT EN PEPER

Snijd de visfilets in hele kleine stukjes of maal de vis met een keukenmachine fijn. Snijd de ui in ringen. Meng de vis met het ei, bosui, peterselie en snufje zout en peper. Voeg daarna de paneermeel en de allesbinder toe. Giet een scheutje olie in een pan en schep 3 hoopjes in de pan. Voor 1 burger heb je ongeveer 2-3 eetlepels van het vismengsel nodig. Bak de burgers ongeveer 3 minuten per kant totdat de buitenkant mooi bruin is en de binnenkant gaar. Ondertussen snijd je de komkommer in plakjes. Serveer de visburgers op een broodje met rucola, komkommer en knoflooksaus.

ZELF KNOFLOOKSAUS MAKEN

Wat heb je nodig? 5 el mayonaise, 1 el crème fraîche, scheutje melk, verse bieslook, 2 tenen knoflook, 1 tl honing en een snufje zout en peper.

Pers de tenen knoflook uit en snijd de bieslook in stukjes en meng alle ingrediënten door elkaar. Zet het bakje saus in de koelkast totdat je hem gaat serveren.

Italiaanse plaattaart

RECEPT VOOR 2 PERSONEN
BEREIDINGSTIJD: 15 MIN. + 15 MIN. IN DE OVEN

6 PLAKKEN BLADERDEEG (ONTDOOID)
100 GR CHERRYTOMAATJES
1 COURGETTE
50 GR RUCOLA
3 TL CRÈME FRAÎCHE
3 TL PESTO
2 TL BASILICUM
SNUFJE ZOUT EN PEPER

Verwarm de oven voor op 200 graden. Leg de plakken bladerdeeg met de randen over elkaar zodat er een rechthoek ontstaat. Druk de randjes een beetje aan zodat alle plakjes bladerdeeg goed aan elkaar plakken. Snijd de cherrytomaatjes en courgette in stukjes. Meng in een bakje de crème fraîche met de pesto en smeer dit over het bladerdeeg. Verdeel de cherrytomaatjes en courgette hier overheen. Lekker met wat geraspte kaas er overheen. Bak de plaattaart ongeveer 15 minuten in de oven. Serveer de plaattaart met de rucola.

Hartige taart met ricotta en champignons

RECEPT VOOR 2-3 PERSONEN
BEREIDINGSTIJD: 20 MIN.
+ 30 MIN. IN DE OVEN

5-6 PLAKKEN HARTIG TAARTDEEG (ONTDOOID)
250 GR RICOTTA
2 EIEREN
125 GR CHAMPIGNONS
1 UI
100 GR SPINAZIE
HANDJE GERASPTE KAAS
SNUFJE ZOUT EN PEPER

Verwarm de oven voor op 200 graden. Vet een springvorm (circa 22 cm) in en verdeel de plakjes deeg over de bodem en de randen. Prik met een vork wat gaatjes in het deeg. Snipper de ui en snijd de champignons in stukjes. Giet een scheutje olie in een pan en bak de ui met de champignons en de spinazie ongeveer 5 minuten. Meng in een kom de ricotta met de eieren en een snuf zout en peper. Verdeel de gebakken champignons, spinazie en ui over het deeg in de springvorm. Strooi er wat geraspte kaas hier overheen. Bak de hartige taart ongeveer 30 minuten in de oven.

VARIATIE

Hartige taart met tonijn

RECEPT VOOR 2 PERSONEN
BEREIDINGSTIJD: 20 MIN.
+ 30 MIN. IN DE OVEN

5-6 PLAKJES BLADERDEEG (ONTDOOID)
2 BLIKJES TONIJN
2 EIEREN
2 BOSUIEN
2 PAPRIKA'S
100 GR DOPERWTEN (DIEPVRIES)
1 TL PETERSELIE
HANDJE GERASPTE KAAS
SNUFJE ZOUT EN PEPER

Verwarm de oven voor op 200 graden. Vet een springvorm (circa 22 cm) in en verdeel de plakjes bladerdeeg over de springvorm, over de bodem en de randen. Giet de tonijn af en meng met de tonijn met het ei. Snijd de paprika's en bosuien in stukjes en voeg toe aan de tonijn, net zoals de peterselie, doperwten en een snufje zout en peper. Meng alles goed door elkaar en schep de vulling in de springvorm. Strooi een handje geraspte kaas over de hartige taart. Zet de hartige taart ongeveer 30 minuten in de oven.

Portobello pizza's

RECEPT VOOR 4 MINI PIZZAATJES
BEREIDINGSTIJD: 30 MIN. + 20 MIN. IN DE OVEN

4 PORTOBELLO'S
4 EL TOMATENSAUS
4 PLAKJES HAM
MOZZARELLA OF GERASPTE KAAS
HANDJE DOPERWTEN
2 TL OREGANO
SNUFJE PEPER

Verwarm de oven voor op 200 graden. Snijd de ham in stukjes. Verdeel de tomatensaus over de portobello's. Beleg de portobello's met ham, doperwten, mozzarella of geraspte kaas. Breng op smaak met oregano en zwarte peper. Bak de portobello's ongeveer 20 minuten in de oven. Serveer de portobello pizza's bijvoorbeeld met rijstsalade met linzen.

TIP:
Maak ook eens gevulde portobello's met geitenkaas en honing.

Pitabroodjes met kip en hummus

RECEPT VOOR 2 PITABROODJES
BEREIDINGSTIJD: 15 MIN.

4 PITABROODJES
HALVE KOMKOMMER
2 TOMATEN
100 GR GEROOKTE KIP
4 EL HUMMUS
SNUFJE CHILIPOEDER
SNUFJE ZWARTE PEPER

Verwarm de oven voor op 180 graden. Bak de pitabroodjes af volgens de bereidingswijze op het pak. Snijd de komkommer, tomaten en gerookte kip in stukjes. Snijd de pitabroodjes open en en smeer de binnenkant in met hummus. Vul de broodjes met de komkommer, tomaat en gerookte kip. Maak af met een snufje chilipoeder en een snufje peper.

VARIATIE

Pizza pitabroodjes

RECEPT VOOR 2 PIZZA PITABROODJES
BEREIDINGSTIJD: 10 MIN
+ 15 MIN. IN DE OVEN

4 PITABROODJES
100 ML TOMATENSAUS
1 BOL MOZZARELLA
2 EL PESTO
1 UI
2 TL ITALIAANSE KRUIDEN
SNUFJE ZWARTE PEPER

Verwarm de oven voor op 200 graden. Leg de pitabroodjes op een bakplaat met bakpapier. Snijd de ui en mozzarella in stukjes. Besmeer de pitabroodjes met tomatensaus. Verdeel de ui en mozzarella hier overheen. Breng op smaak met zwarte peper en Italiaanse kruiden. Schep ook pesto op de pitabroodjes en zet ze ongeveer 15 minuten in de oven.

Tacohapjes

RECEPT VOOR 8 TACOHAPJES
BEREIDINGSTIJD: 20 MIN. + 15 MIN. IN DE OVEN

250 GR RUNDERGEHAKT
2 TOMATEN OF 200 GR TOMATENBLOKJES
2 VELLEN FILODEEG (ONTDOOID)
1 UI
75 GR KIDNEYBONEN
50 GR GERASPTE KAAS
2 EL TACO KRUIDEN
SERVEREN MET CRÈME FRAÎCHE EN KORIANDER

Verwarm de oven voor op 180 graden. Snipper de ui en snijd de tomaten in blokjes. Giet een scheutje olie in een pan en fruit de ui. Voeg na 2-3 minuten het gehakt en de tacokruiden toe. Bak het gehakt rul en voeg dan de stukjes tomaat en de kidneybonen toe. Bak dit ongeveer 5 minuten. Snijd de filodeegvellen in vieren. Vouw de stukken filodeeg elk in een ingevette muffinvorm. Vul de filodeegbakjes daarna met het gehaktmengsel. Strooi de geraspte kaas over de tacohapjes en bak ze 15-20 minuten in de oven. Serveer met crème fraîche en koriander. Serveer de tacohapjes met de taco salade van blz. 245.

Filodeegtaartjes

RECEPT VOOR 6 FILODEEGTAARTJES
BEREIDINGSTIJD: 15 MIN. + 10 MIN. IN DE OVEN

3 FILODEEGVELLEN
150 GR KIPFILET
2 TL KIPKRUIDEN
6 ZONGEDROOGDE TOMATEN
3 EL MAIS
75 ML KOOKROOM
2 EIEREN
1 EL AMANDELSCHAAFSEL

Verwarm de oven voor op 180 graden. Kook de kip in een pan met water, ongeveer 10 minuten totdat de kip gaar is. Vet 6 muffinvormen in met een beetje olie. Snijd de filodeegvellen in vieren en gebruik 2 stukjes filodeeg per bakje. Vouw 1 stukje filodeeg in een ingevette muffinvorm zodat er een bakje ontstaat. Leg hier nog een filodeegvelletje bovenop. Snijd de zongedroogde tomaatjes en gekookte kip in stukjes. Breng de kip op smaak met kipkruiden. Verdeel de zongedroogde tomaten, mais en kip over de filodeegbakjes. Meng in een beker de eieren met de kookroom. Verdeel het ei-mengsel over de filodeegbakjes. Bak de filodeeg taartjes ongeveer 10 minuten in de oven. Serveer met een beetje amandelschaafsel.

TIPS:

- Op blz. 78 kun je een recept vinden voor zelfgemaakte kipkruiden.
- Vervang de kipfilet eens door gehakt.

Loempia's van filodeeg

RECEPT VOOR 8 LOEMPIA'S
BEREIDINGSTIJD: 25 MIN
+ 12 MIN. IN DE OVEN

8 FILODEEGVELLEN (ONTDOOID)
1 TL GEMBER
1 UI
100 GR WITTE KOOL
100 GR KIPFILET
HALVE RODE PEPER
100 GR CHAMPIGNONS
SNUFJE ZOUT EN PEPER

Verwarm de oven voor op 200 graden. Snipper de ui en snijd de kip, rode peper, witte kool en champignons in stukjes. Breng de kip op smaak met zout en peper. Giet een scheutje olie in een pan en bak de kip gaar in ongeveer 5 minuten. Voeg daarna de gember, ui, witte kool, rode peper en de champignons toe. Bak dit ongeveer 3-4 minuten. Verdeel 2-3 eetlepels van het kipmengsel op een filodeegvel. Vouw de zijkanten van het filodeeg naar binnen en rol het filodeeg met vulling op. Plak het laatste stukje filodeeg vast met een klein beetje water. Leg de loempia's op een bakplaat met bakpapier en smeer de bovenkant in met een beetje olie. Bak de loempia's ongeveer 12 minuten in de oven. Draai de loempia's tussendoor even om voor een nog lekkerder resultaat.

VARIATIE

Thaise loempia's

RECEPT VOOR 6 LOEMPIA'S
BEREIDINGSTIJD: 15 MIN.
+ 20 MIN. IN DE OVEN

6 PLAKJES BLADERDEEG (ONTDOOID)
HALVE PREI
100 GR TAUGÉ
1 RODE PEPER
1 WORTEL
100 GR WITTE KOOL
50 GR HAMBLOKJES
10 PINDA'S
1 TEEN KNOFLOOK
2 BOSUIEN
1 EL SESAM
1 EI

Verwarm de oven voor op 220 graden. Snijd de prei, bosuien, knoflook, rode peper en witte kool in stukjes en rasp de wortel. Hak de pinda's fijn. Giet een scheutje olie in een pan en bak de ui met de knoflook en rode peper. Voeg na 2 minuten de prei, wortel, witte kool, ham en taugé toe. Bak dit een paar minuten en zet dan het vuur uit. Voeg de pinda's toe. Schep ongeveer 2 eetlepels van de vulling op een plakje bladerdeeg. Rol het bladerdeeg op en maak de uiteindes dicht. Smeer de loempia's in met een beetje geklutst ei en strooi wat sesamzaadjes er overheen. Bak de loempia's 20 minuten in de oven.

Maiskoekjes

RECEPT VOOR 12 KOEKJES
BEREIDINGSTIJD: 20 MIN.

300 GR MAIS
125 GR PREI
2 EIEREN
1 EL PETERSELIE
60 GR BLOEM

Snijd de prei in stukjes. Breek de eieren boven een kom en meng even door elkaar. Voeg daarna de rest van de ingrediënten toe. Is het beslag nog iets te nat? Voeg dan een beetje extra bloem toe. Giet een scheutje olie in een pan en schep met een lepel een paar hoopjes in de pan. Bak de maiskoekjes ongeveer 2 minuten per kant. Serveer de maiskoekjes bijvoorbeeld met de sla wraps van blz. 173.

TIP:
Maak ook eens Indische maiskoekjes. Vervang de prei door 2 tenen knoflook, wat fijngesneden selderij en 1 bosui.

Mini calzones

RECEPT VOOR 2 PERSONEN
BEREIDINGSTIJD: 15 MIN. + 15 MIN. IN DE OVEN

1 ROL VERS PIZZADEEG
70 GR TOMATENPUREE
1 TEEN KNOFLOOK
1 EL OREGANO
1 TL BASILICUM
1 UI
25 GR GERASPTE KAAS
KLEIN SCHEUTJE OLIE

Verwarm de oven voor op 200 graden. Rol het pizzadeeg uit en zet een omgekeerd kommetje op het deeg. Snijd met een mes om het kommetje heen. Ga zo door totdat het deeg op is. Snipper de ui en snijd de knoflook fijn. Meng in een bakje de tomatenpuree, ui, knoflook en kruiden. Schep een lepel van het tomatenpuree mengsel op de helft van een plakje deeg. Zorg ervoor dat de randjes vrij blijven. Vouw de deegrondjes dubbel en druk met een vork de randjes aan. Smeer eventueel een klein beetje olie over de calzones voordat ze de oven in gaan. Bak de calzones 15 minuten in de oven. Serveer de calzones met de snelle tomatensoep van blz. 153.

MAAK OOK EENS EEN ANDERE VARIANT, BIJVOORBEELD:

- calzones met tomatensaus, mozzarella en bacon
- calzones met crème fraîche, ham, ui en champignons
- calzones met mozzarella, spinazie, paprika, ui en champignons

Empanadas met kip

RECEPT VOOR 10 EMPANADAS
BEREIDINGSTIJD: 20 MIN. + 15-20 MIN. IN DE OVEN

10 VELLEN HARTIG TAARTDEEG (ONTDOOID)
200 GR KIPFILET
100 GR PREI
5 ZONGEDROOGDE TOMAATJES
HALVE COURGETTE
1 TL KOMIJNPOEDER
1 TL PAPRIKAPOEDER
2 EL TOMATENPUREE
1 EI OF MELK

Verwarm de oven voor op 200 graden. Snijd de kip in stukjes, net zoals de prei en courgette. Breng de kip op smaak met paprikapoeder, komijn en een snufje zout en peper. Giet een scheutje olie in een pan en bak de kipstukjes rondom bruin. Voeg daarna de courgette en prei toe en bak ongeveer 5 minuten mee. Daarna kunnen de tomatenpuree en de zongedroogde tomaatjes erbij. Zet na 2-3 minuten het vuur uit. Steek rondjes uit het hartig taartdeeg met een glas. Schep 1-2 lepels van de vulling op een plakje deeg. Vouw het deeg dubbel en duw de randjes met je vinger aan. Smeer de bovenkant van de empanadas in met een beetje ei of melk. Bak de empanadas 15-20 minuten in de oven. Serveer de empanadas bijvoorbeeld met de tomaten-paprika soep van blz. 157.

TIP:

Maak ook eens empanadas met gehakt. Voor de vulling gebruik je 150 gr gehakt, 1 teen knoflook, 2 el tomatenpuree, 150 gr prei en 2 tl Mexicaanse kruiden.

Gevulde zoete aardappel

RECEPT VOOR 2 PERSONEN
BEREIDINGSTIJD: 20 MIN.

500 GR ZOETE AARDAPPELS
100 GR SPINAZIE
1 PAPRIKA
HALVE APPEL
1 KLEINE UI
SNUFJE ZOUT EN PEPER

Prik met een vork een paar gaatjes in de aardappels. Leg de aardappels op een bord en zet ze in de magnetron (3 min. op 900 watt). Draai de aardappels om en zet ze nog 2-3 minuten in de magnetron. Snipper de ui en snijd de paprika, appel en spinazie in stukjes. Giet een scheutje olie in een pan en bak de ui. Voeg daarna de paprika, appel, spinazie en een snufje zout en peper toe. Bak dit ongeveer 5 minuten en zet dan het vuur uit. Snijd de zoete aardappels open en verdeel de vulling over de aardappels. Serveer de gevulde zoete aardappels lekker met een stukje gebakken kip erbij.

TIP:

Vul de zoete aardappels ook eens met een andere vulling. Bijvoorbeeld met tomatensalsa en zure room (4 tl). Hiervoor snijd je 3 tomaten, 2 bosuien, 2 tenen knoflook in (kleine) stukjes. Meng dit in een bakje met 1 tl olijfolie en 1 tl basilicum.

Gevulde paprika's met feta

RECEPT VOOR 2 GEVULDE PAPRIKA'S
BEREIDINGSTIJD: 30 MIN. + 10-15 MIN. IN DE OVEN

2 PAPRIKA'S
1 PREI
100 GR FETA
10 CHERRYTOMAATJES
1 TL DILLE
1 TEEN KNOFLOOK
SNUFJE ZWARTE PEPER

Verwarm de oven voor op 220 graden. Snijd de prei, feta en cherrytomaatjes in stukjes. Snijd de knoflook fijn. Giet een scheutje olie in een pan en bak de prei, cherrytomaatjes, knoflook dille en een snufje peper, ongeveer 5 minuten. Daarna kan de feta erbij. Meng alles door elkaar en zet na een paar minuten het vuur uit. Snijd het kapje van de paprika en hol de paprika voorzichtig uit. Vul de paprika's met de vulling. Zet de gevulde paprika's in een ingevette ovenschaal en bak ze 10-15 minuten in de oven. Serveer de gevulde paprika's met de rijstschotel met gehakt van blz. 105.

Gevulde courgettes

RECEPT VOOR 4 PERSONEN
BEREIDINGSTIJD: 30 MIN.
+ 30 MIN. IN DE OVEN

2 COURGETTES
200 GR GEHAKT
100 ML TOMATENSAUS
1 BOSUI
1 PAPRIKA
50 GR CHERRYTOMAATJES
2 TL OREGANO
1 TL BASILICUM
30 GR GERASPTE PARMEZAANSE KAAS
SNUFJE ZOUT EN PEPER

Verwarm de oven voor op 200 graden. Snijd de courgettes in de lengte doormidden en hol ze voorzichtig uit met een lepel. Snijd de bosui, paprika en cherrytomaatjes in stukjes. Giet een scheutje olie in een pan en bak het gehakt met de kruiden rul. Voeg daarna de paprika, bosui en tomatensaus toe. Bak dit ongeveer 5 minuten en zet dan het vuur uit. Schep de vulling in de courgettes. Maak af met wat cherrytomaatjes en geraspte Parmezaanse kaas. Bak de courgettes 30 minuten in de oven op een bakplaat met bakpapier of in een ovenschaal. Serveer met rijst.

VARIATIE

Gevulde aubergines

RECEPT VOOR 2 PERSONEN
BEREIDINGSTIJD: 15 MIN.
+ 30 MIN. IN DE OVEN

2 AUBERGINES
50 GR COUSCOUS
100 GR CHAMPIGNONS
3 TL TOMATENPUREE
1 UI
1 TL PAPRIKAPOEDER
1 TL OREGANO
HANDJE GERASPTE KAAS

Verwarm de oven voor op 200 graden. Snijd de aubergines in de lengte doormidden en hol ze uit met een lepel (niet weggooien). Smeer de aubergines van binnen in met een beetje olijfolie en bak ze ongeveer 15 minuten in de oven. Bereid de couscous volgens de instructies op het pak. Snijd de ui, champignons en het vruchtvlees van de aubergines in stukjes. Giet een scheutje olie in een pan en bak de ui, champignons, aubergines en de kruiden. Na 4-5 minuten kan de tomatenpuree erbij. Voeg als laatste de couscous toe en meng alles door elkaar. Zet het vuur uit. Vul de aubergines met de vulling, strooi wat geraspte kaas er overheen en zet de aubergines 12-15 minuten in de oven.

Rijsttaart

RECEPT VOOR 2-3 PERSONEN
BEREIDINGSTIJD: 15 MIN. + 30-35 MIN. IN DE OVEN

200 GR RIJST
1 COURGETTE
2 PAPRIKA'S
1 RODE UI
2 EIEREN
4 EL PESTO
50 ML CRÈME FRAÎCHE
50 GR GERASPTE KAAS
SNUFJE ZOUT EN PEPER

Verwarm de oven voor op 200 graden. Kook de rijst volgens de instructies op het pak. Snijd de courgette, paprika en ui in stukjes. Meng in een beker de eieren en de crème fraîche. Meng de gekookte rijst met de groenten, een snufje zout en peper en het ei-mengsel. Schep alles in een ovenschaal en strooi er geraspte kaas overheen. Bak de rijsttaart 30-35 minuten in de oven.

TIP:
Weinig tijd? Gebruik dan een zakje Italiaanse wokgroenten.

Zalm uit de oven

RECEPT VOOR 2 PERSONEN
BEREIDINGSTIJD: 10 MIN. + 15 MIN. IN DE OVEN

500 GR ZALM
1 FLINKE TEEN KNOFLOOK
2 EL OLIJFOLIE
1 TL PETERSELIE
3 EL HONING
SNUFJE ZOUT EN PEPER

Verwarm de oven voor op 200 graden. Pers de teen knoflook uit en meng de knoflook met de olijfolie, peterselie, honing en een snufje zout en peper. Leg de zalm op een groot stuk aluminiumfolie. Smeer de zalm in met het honingmengsel en vouw de folie dicht. Leg het zalmpakketje op een bakplaat of in een ovenschaal. Bak de zalm ongeveer 15 minuten in de oven. Serveren met gewokte groenten en rijst.

TIP:
Je kunt dit recept ook op de barbecue bereiden. Stook de barbecue op tot ongeveer 200 graden. Leg de zalmpakketjes ongeveer 15 minuten op het rooster van de barbecue.

Griekse spinazierijst

RECEPT VOOR 2 PERSONEN
BEREIDINGSTIJD: 30 MIN.

300 GR SPINAZIE
175 GR RIJST
400 ML BOUILLON/WATER
100 GR FETA
2 TOMATEN
1 AUBERGINE
1 UI
2 TENEN KNOFLOOK
1 EL DILLE
SNUFJE ZOUT EN PEPER

Snijd de ui, spinazie, feta, tomaten, aubergine en dille in stukjes. Giet een scheutje olie in een pan en bak de ui met 2 uitgeperste tenen knoflook en de stukjes aubergine. Voeg de spinazie na 2 minuten toe. Als de spinazie is geslonken voeg je de kruiden toe. Even goed door elkaar roeren en dan kunnen de stukjes tomaat, bouillon en rijst erbij. Laat dit ongeveer 15 minuten zachtjes koken totdat het vocht is opgenomen door de rijst. Voeg de laatste minuut de feta toe, even mengen en klaar. Serveer de spinazierijst met de gevulde paprika's van blz. 214.

Wortel-courgette pannenkoekjes

RECEPT VOOR 4-5 PANNENKOEKJES/2 PERSONEN
BEREIDINGSTIJD: 30 MIN.

1 COURGETTE
300 GR WORTEL
1 EI
1 TEEN KNOFLOOK
4 EL BLOEM
1 TL PETERSELIE
SNUFJE ZOUT EN PEPER

Rasp de courgette en de wortels in een kom. Voeg het ei, de bloem, een snufje zout en peper, een uitgeperste teen knoflook en de peterselie toe. Meng alles door elkaar. Voeg eventueel een beetje extra bloem toe als het geheel nog wat te nat is. Giet een scheutje olie in een pan en schep 3 hoopjes in de pan. Bak de pannenkoekjes ongeveer 2 minuten per kant totdat ze goudbruin zijn. Serveer de wortel-courgette pannenkoekjes met de tomaten-paprika soep van blz. 157.

POPULAIR

Snelle pizza wrap

RECEPT VOOR 2 PERSONEN
BEREIDINGSTIJD: 10 MIN. + 10 MIN. IN DE OVEN

4-6 WRAPS
200 ML TOMATENSAUS
100 GR HAM
200 GR ANANAS (UIT BLIK)
4 TL BASILICUM
1 UI
SNUFJE ZWARTE PEPER
EVENTUEEL ANDERE LEKKERE INGREDIËNTEN ZOALS ITALIAANSE KRUIDEN, PESTO, MOZZARELLA, CHERRYTOMAATJES, PAPRIKA, KIPREEPJES, CHAMPIGNONS ENZ.

Begin met het voorverwarmen van de oven op 230 graden. Smeer de wraps in met tomatensaus. Snijd de ham, ui en ananas in stukjes. Beleg de wraps hiermee en breng de wraps op smaak met basilicum en een snufje zwarte peper. Strooi wat geraspte kaas over de pizza wraps en leg de pizzawraps op een bakplaat met bakpapier en bak ze ongeveer 10 minuten in de oven.

MAAK OOK EENS ÉÉN VAN DEZE VARIANTEN:

- vegetarische pizza wrap met spinazie, crème fraîche, mozzarella en knoflook.
- pizza wrap met tomatensaus, kip, geroosterde paprika, courgette, mozzarella en rode ui.
- pizza wrap met tomatensaus, tonijn, rode ui, paprika en basilicum
- pizza wrap met tomatensaus, salami, ui, cherrytomaatjes en mozzarella
- vegetarische pizza wrap met tomatensaus, rode ui, cherrytomaatjes, spinazie, geroosterde paprika en courgette.

Sushi salade

RECEPT VOOR 2 PERSONEN
BEREIDINGSTIJD: 25 MIN.

150 GR SUSHIRIJST
100 GR SURIMI
2 AVOCADO'S
HALVE KOMKOMMER
2 NORIVELLEN
1 BOSUI
3 EL SESAM

VOOR DE DRESSING:
2 EL SOJASAUS
1 EL RIJSTAZIJN
SNUFJE ZOUT EN PEPER

Kook de rijst volgens de bereidingswijze op het pak. Snijd de komkommer, surimi, bosui en avocado in stukjes. Meng in een bakje de ingrediënten voor de dressing. Spoel de rijst, na het koken, af met koud water. Vervolgens meng je in een grote kom de rijst, avocado, komkommer, surimi, bosui, sesam en de dressing. Scheur op het laatste moment de norivellen in stukjes en voeg die ook toe aan de sushi salade. Mengen en klaar.

TIP:
Vervang de surimi door gerookte kip.

Salade met perzik en geitenkaas

RECEPT VOOR 2 PERSONEN
BEREIDINGSTIJD: 15 MIN.

150 GR RUCOLA MELANGE
150 GR GEITENKAAS
2 PERZIKEN
100 GR MAIS
1 EL HONING
SCHEUTJE CITROENSAP
SNUFJE ZOUT EN PEPER

Meng in een bakje de honing met citroensap en een snufje zout en peper. Snijd de perziken en geitenkaas in stukjes. Doe de sla in een grote kom en voeg de mais, stukjes geitenkaas, perzik en dressing toe. Meng alles door elkaar. Lekker met stokbrood erbij.

TIP:

Voeg ook eens wat fijngesneden zongedroogde tomaatjes toe aan de salade en/of (zelfgemaakte) croutons.

ZELF CROUTONS MAKEN?

Verwarm de oven voor op 200 graden. Snijd wat (oud) brood in blokjes, bijvoorbeeld een paar boterhammen, een ciabatta of een stokbrood. Verdeel de blokjes brood over een bakplaat met bakpapier. Schenk ongeveer 1-2 eetlepels olijfolie over het brood. Breng het brood op smaak met een snufje zout, peper en bijvoorbeeld wat Italiaanse kruiden. Meng alles door elkaar. Bak de croutons circa 15 minuten in de oven.

Zoete aardappelsalade

RECEPT VOOR 2 PERSONEN
BEREIDINGSTIJD 30 MIN.

450 GR ZOETE AARDAPPELS
100 GR GEITENKAAS
1 KOMKOMMER
1 TL PAPRIKAPOEDER
SCHEUTJE OLIJFOLIE
VERSE BIESLOOK
SNUFJE PEPER
2 EL HONING
HANDJE PIJNBOOMPITTEN

Verwarm de oven voor op 200 graden. Schil de aardappels en snijd ze in (kleine) blokjes. Meng de aardappelblokjes met de olijfolie, snufje zout en peper en paprikapoeder. Leg de aardappelblokjes op een bakplaat met bakpapier en bak ze 20 minuten in de oven. Laat ze daarna even afkoelen. Snijd de komkommer in blokjes en hak de bieslook fijn. Meng de aardappelblokjes met de komkommer, honing, bieslook en pijnboompitten. Verkruimel tot slot de geitenkaas over de salade.

TIPS:

- Het is lekker om de pijnboompitten even kort in een pan te roosteren.
- Serveer de zoete aardappelsalade met de hete kip van blz. 161.

Salade met kikkererwten

RECEPT VOOR 2-3 PERSONEN
BEREIDINGSTIJD: 30 MIN.

300 GR VELDSLA
400 GR KIKKERERWTEN UIT BLIK
1 RODE UI
1 KOMKOMMER
HALVE TL KNOFLOOKPOEDER
1 TL PAPRIKAPOEDER
1 TL KOMIJN
SNUFJE ZWARTE PEPER
SCHEUTJE OLIJFOLIE
HANDJE PINDA'S

VOOR DE DRESSING:
2 EL MAYONAISE
1 TL MOSTERD
1 TL HONING

Verwarm de oven voor op 220 graden. Spoel de kikkererwten even kort af met water. Meng de kikkererwten met een scheutje olijfolie, knoflookpoeder, paprikapoeder en komijn. Verdeel de kikkererwten over een bakplaat met bakpapier en bak ze 20 minuten in de oven. Snijd de ui in halve ringen, de komkommer in stukjes en hak de pinda's wat kleiner. Meng in een kommetje de ingrediënten voor de dressing. Meng in een grote kom de sla met de dressing, de gebakken kikkererwten, pinda's, komkommer en ui. Serveer de salade met de groenteburgers van blz. 129.

Broccolisalade

RECEPT VOOR 2 PERSONEN
BEREIDINGSTIJD: 20 MIN.

400 GR BROCCOLI
100 GR RODE DRUIVEN
1 RODE UI
HALVE KOMKOMMER
3 EL MAYONAISE
2 EL YOGHURT
SCHEUTJE CITROENSAP
HANDJE HAZELNOTEN
SNUFJE ZOUT EN PEPER

Snijd de broccoli in roosjes en kook ze ongeveer 3 minuten. Snijd de druiven doormidden, snipper de ui, hak de hazelnoten fijn en snijd de komkommer in stukjes. Meng in een bakje de mayonaise, yoghurt, citroensap en een snufje zout en peper. Meng alle ingrediënten in een grote kom door elkaar. Bewaar de broccolisalade in de koelkast totdat je hem gaat serveren.

TIPS:

- Voeg ook eens cherrytomaatjes toe aan de salade.
- Serveer de broccolisalade met een broodje sloppy joe van blz. 169.

Caesar pastasalade

RECEPT VOOR 2 PERSONEN
BEREIDINGSTIJD: 20 MIN.

150 GR PASTA
150 GR IJSBERGSLA
100 GR GEROOKTE KIP
2 EIEREN
10 CHERRYTOMAATJES
2 EL MAYONAISE
2 EL CRÈME FRAÎCHE
2 TENEN KNOFLOOK
1 EL MOSTERD
GERASPTE PARMEZAANSE KAAS
CROUTONS
SCHEUTJE OLIJFOLIE
SNUFJE ZOUT EN PEPER

Kook de pasta volgens de instructies op het pak. Kook de eieren in een pan met water in ongeveer 8 minuten hard. Meng in een bakje de mayonaise, crème fraîche, 2 uitgeperste tenen knoflook, mosterd, scheutje olijfolie en een snufje zout en peper. Snijd de gekookte eieren, cherrytomaatjes, gerookte kip in stukjes. Meng de pasta met de dressing en voeg daarna de rest van de ingrediënten toe. Bewaar de salade in de koelkast totdat je hem gaat serveren. Serveer deze pastasalade bijvoorbeeld bij het barbecueën.

Barbecue-kipsalade

RECEPT VOOR 2 PERSONEN
BEREIDINGSTIJD: 20 MIN.

150 GR KIPFILET
150 GR MAIS UIT BLIK
150 GR KIDNEYBONEN UIT BLIK
150 GR CHERRYTOMAATJES
150 GR RUCOLA MELANGE
1 WRAP
1 RODE UI
2 TL MEXICAANSE TACOKRUIDEN

VOOR DE DRESSING:
2 TL BARBECUESAUS
2 TL MAYONAISE
1 TL CITROENSAP
1 EL WATER

Snijd de kipfilet in stukjes. Breng de kip op smaak met de Mexicaanse tacokruiden. Giet een scheutje olie in een pan en bak de kip in ongeveer 5 minuten gaar. Snijd de rode ui in halve ringen, de tomaatjes in tweeën of vieren en de kip en de wrap in stukjes. Meng in een bakje de ingrediënten voor de dressing. Doe de rucola melange in een grote kom en voeg de dressing toe. Meng alles door elkaar en voeg daarna de rest van de ingrediënten toe.

Rijstsalade met linzen

RECEPT VOOR 2 PERSONEN
BEREIDINGSTIJD: 20 MIN.

175 GR RIJST
130 GR TONIJN UIT BLIK
150 GR LINZEN UIT BLIK
2 TOMATEN
2 BOSUIEN
2 EL CRÈME FRAÎCHE
1 TL KOMIJN
VERSE PETERSELIE
SCHEUTJE CITROENSAP
SNUFJE ZOUT EN PEPER

Kook de rijst volgens de instructies op het pak en spoel de rijst daarna af met koud water. Snijd de bosuien en tomaten in stukjes. Meng in een kom de gekookte rijst, linzen, citroensap, crème fraîche, komijn, bosuien en tomaten. Maak af met wat verse peterselie en een snuf zout en peper. Bewaar de rijstsalade in de koelkast totdat je hem gaat serveren.

TIPS:

- Deze rijstsalade is ook lekker als lunch.
- Vervang de linzen eens door kikkererwten.

Taco salade

RECEPT VOOR 2 PERSONEN
BEREIDINGSTIJD: 20 MIN.

150 GR RIJST
2 TOMATEN
150 GR MAIS UIT BLIK
100 GR ZWARTE BONEN UIT BLIK
1 UI
1 AVOCADO
1 TL PAPRIKAPOEDER
1 TL KOMIJN
1 TL KORIANDER
SCHEUTJE CITROENSAP
SNUFJE ZOUT EN PEPER
HANDJE TORTILLACHIPS

Kook de rijst volgens de instructies op het pak. Snipper de ui en snijd de tomaten en avocado in stukjes. Giet een scheutje olie in een pan en bak de ui. Voeg na 2-3 minuten de tomaten, mais, zwarte bonen en kruiden toe. Meng alles door elkaar en zet na een paar minuten het vuur uit. Voeg ook de rijst en avocado toe en meng alles door elkaar. Maak de salade af met wat verkruimelde tortillachips. Serveer de taco salade bijvoorbeeld met de wraps uit de oven van blz. 178.

POPULAIR

Couscoussalade met feta

RECEPT VOOR 2 PERSONEN
BEREIDINGSTIJD: 20 MIN.

175 GR COUSCOUS
75 GR FETA
3 BOSUIEN
3 GEROOSTERDE PAPRIKA'S
BAKJE CHERRYTOMAATJES
50 GR RUCOLA
2 EL PIJNBOOMPITTEN
SCHEUTJE OLIJFOLIE
HALVE TL PAPRIKAPOEDER
HALF BOUILLONBLOKJE (GROENTEN)
KOKEND WATER
SNUFJE ZOUT EN PEPER

Doe de couscous in een kom, samen met een verkruimeld half bouillonblokje. Voeg kokend water toe aan de couscous, totdat het water ongeveer 1 cm boven de couscous uitkomt. Leg een schone theedoek over de kom en laat de couscous ongeveer 5-10 minuten staan. Daarna is het vocht opgenomen door de couscous. Roer vervolgens de couscous even door en controleer of het gaar is. Ondertussen rooster je de pijnboompitten in een pan zonder olie mooi bruin. Snijd de feta, cherry-tomaatjes, geroosterde paprika's, bosuien en rucola in stukjes. Voeg dit allemaal toe aan de couscous en meng goed door elkaar. Breng het geheel op smaak met een snufje zout, peper en paprikapoeder. Voeg eventueel een scheutje olijfolie toe en meng alles goed door elkaar.

TIP:
Vervang de feta eens door mozzarella of geitenkaas.

POPULAIR

Pastasalade met gerookte kip

RECEPT VOOR 2 PERSONEN
BEREIDINGSTIJD: 20 MIN.

150 GRAM PASTA (BIJV. PENNE)
200 GRAM GEROOKTE KIP
75 GRAM SPEKREEPJES
4 EETLEPELS ROOMKAAS MET KRUIDEN
200 GR CHERRYTOMAATJES
2 BOSUIEN
2 FLINKE HANDEN RUCOLA
SNUFJE ZOUT EN PEPER

Kook de pasta volgens de bereidingswijze (al dente) op het pak. Bak de spekjes in een koekenpan zonder olie krokant. Snijd de cherrytomaatjes in vieren en snijd de bosui fijn en de gerookte kip in reepjes of blokjes. Spoel de pasta na het koken heel kort af onder koud water zodat het niet verder gaart. Voeg de roomkaas toe zodat het nog iets kan smelten door de warmte van de pasta. Voeg nu cherrytomaatjes, bosui, spekjes, rucola, en gerookte kip toe. Breng naar wens op smaak met zout en peper. Wees zuinig met het gebruik van zout, de spekjes brengen alles al lekker op smaak. Roer alles goed door.

TIP:
Je kunt deze salade in een afgesloten bakje 2-3 dagen in de koelkast bewaren.
Ook lekker als lunch.

POPULAIR

Witlofsalade met appel

RECEPT VOOR 2 PERSONEN
BEREIDINGSTIJD: 15-20 MIN.

4 STRONKJES WITLOF
1 APPEL
2 EIEREN
HET SAP VAN EEN HALVE CITROEN
1 EL MAYONAISE
1 EL YOGHURT
VERSE BIESLOOK
1-2 HANDJES PECANNOTEN IN STUKJES
SNUFJE ZOUT EN PEPER

Zet een pan water op en kook de eieren circa 8 minuten. Snijd de eieren daarna in stukjes. Verwijder het klokhuis van de appel en snijd de appel in blokjes. Snijd het bittere deel van de witlof (de onderkant) en snijd de witlof in stukjes. Besprenkel de appel en witlof met citroensap. Meng in een klein kommetje de yoghurt, mayonaise en een snufje zout en peper. Voeg eventueel een klein beetje water toe om het sausje iets dunner te maken. Meng in een grote kom de witlof, appel, de dressing, pecannoten, de gekookte eieren, wat verse bieslook en een snufje zout en peper.

No bake Malteser cake

RECEPT VOOR 6-8 PERSONEN
BEREIDINGSTIJD: 15 MIN. + EEN PAAR UUR IN DE KOELKAST

100 GR MALTESERS
300 GR CHOCOLADE (BIJV 150 GR PURE CHOCOLADE EN 150 GR MELKCHOCOLADE)
100 GR ROOMBOTER/MARGARINE
100 GR MARIA BISCUITJES

Bekleed een kleine ovenschaal of een cakevorm met vershoudfolie. Smelt de boter en chocolade in een pan. Verkruimel de biscuitjes met een keukenmachine of met de hand. Voeg de verkruimelde biscuitjes toe aan de gesmolten chocolade. Meng alles goed door elkaar en zet het vuur uit. Voeg de Maltesers toe en bewaar een paar Maltesers om bovenop de cake te doen. Schep het chocolademengsel in de ovenschaal en zet een paar uur in de koelkast totdat hij hard is.

TIP:
Vervang de biscuitjes door speculaasjes, lekker!

Arretjescake

RECEPT VOOR CIRCA 8-10 PERSONEN
TIJD: 15 MIN. + EEN PAAR UUR IN DE KOELKAST

250 GR ROOMBOTER/MARGARINE
150 GR DONKERBRUINE BASTERDSUIKER
150 GR MARIA BISCUITJES
8 EL CACAO
1 EI

Smelt de boter in een pan of in de magnetron. Verkruimel de biscuitjes. Dit kun je doen met een keukenmachine of je kunt de koekjes in een plastic zakje doen en dan met een deegroller op de koekjes 'slaan'. Als de boter is gesmolten, haal je de pan van het vuur en voeg je de suiker toe. Meng dit door elkaar en voeg dan de rest van de ingrediënten toe. Bekleed een cakevorm of een kleine ovenschaal met vershoudfolie en giet het beslag in de vorm. Zet de arretjescake minimaal 2 uur in de koelkast totdat hij hard is.

STAINLESS

Stroopwafeltaart

RECEPT VOOR 8 PERSONEN
BEREIDINGSTIJD: 20-25 MIN
+ EEN PAAR UUR IN DE KOELKAST

CIRCA 13 STROOPWAFELS
500 ML SLAGROOM
300 GR NATUREL ROOMKAAS
60 GR ROOMBOTER
75 GR SUIKER
1 TL KANEELPOEDER
2 ZAKJES KLOPFIX

Verkruimel 10 stroopwafels met een keukenmachine of snijd ze fijn met een mes. Smelt de boter en meng de stroopwafelkruimels met de gesmolten boter. Schep dit in een springvorm van ongeveer 22-24 cm. Druk de bodem aan met een lepel. Klop de slagroom met de suiker en de klopfix op. Als de slagroom stijf is, voeg je de roomkaas en kaneel toe en klop je alles kort door elkaar. Schep het slagroommengsel in de springvorm. Verkruimel de laatste stroopwafels en strooi ze over de taart. Zet de stroopwafeltaart minimaal 4 uur in de koelkast.

VARIATIE

Snickertaart

RECEPT VOOR 6-8 PERSONEN
BEREIDINGSTIJD: 20-25 MIN.
+ EEN PAAR UUR IN DE KOELKAST

150 GR PINDAKOEKEN
500 ML SLAGROOM
300 GR NATUREL ROOMKAAS
60 GR ROOMBOTER
75 SUIKER
4 SNICKERS
2 ZAKJES KLOPFIX
2 EL KARAMELSAUS
HANDJE PINDA'S

Verkruimel de pindakoeken met een keukenmachine. Smelt de boter en meng de koekkruimels met de gesmolten boter. Schep dit in een springvorm van ongeveer 22-24 cm. Hak 2 Snickers in kleine stukjes. Druk de bodem aan met een lepel. Klop de slagroom met de suiker en de klopfix op. Als de slagroom stijf is, voeg je de roomkaas, 2 fijngehakte snickers, 2 el karamelsaus en een handje pinda's toe. Klop alles kort even door elkaar. Schep het slagroommengsel in de springvorm. Snijd de rest van de snickers in stukjes en verdeel ze over de taart. Als je het lekker vindt kun je ook nog wat extra pinda's en karamelsaus over de bovenkant verdelen. Zet de snickertaart minimaal 4 uur in de koelkast.

POPULAIR

Sticky toffee cake

RECEPT VOOR CIRCA 8-10 PERSONEN
BEREIDINGSTIJD: 20 MIN. + 60 MIN. IN DE OVEN

200 GRAM DADELS ZONDER PITTEN
200 GRAM ZACHTE BOTER
185 GRAM ZELFRIJZEND BAKMEEL
150 GRAM SUIKER
150 GRAM LICHTBRUINE BASTERDSUIKER
100 ML SLAGROOM
2 EIEREN
1 TL BAKPOEDER
1 TL VANILLESUIKER

Verwarm de oven voor op 180 graden. Snijd de dadels in kleine stukjes en doe ze in een pannetje met 200 ml water. Breng het water aan de kook. Haal de pan van het vuur wanneer het water kort (2-3 minuten) heeft gekookt. Roer hier nu een theelepel bakpoeder doorheen en laat het mengsel afkoelen. Klop 100 gram boter met de suiker en de vanillesuiker luchtig. Klop hier vervolgens een voor een de eieren door. Zeef ook het zelfrijzend bakmeel erboven en roer dit er goed doorheen. Door het bakmeel door een fijne zeef te halen krijg je luchtiger meel. Tip: luchtiger meel zorgt voor luchtiger gebak. Pureer de dadels samen met het weekwater en meng dit ook door het beslag. Schenk het beslag in een ingevet bakblik en bak de cake in ongeveer 50 minuten gaar. Verwarm ondertussen al roerend de basterdsuiker met de slagroom en de rest van de boter. Laat de saus kort koken wanneer de suiker volledig gesmolten is. Schenk een groot deel van de saus over de warme cake. Zet deze nogmaals voor 10 minuten terug in de oven, tot de cake de saus heeft geabsorbeerd. Laat de sticky toffee cake goed afkoelen voor je er stukken van snijd. Serveer een plak sticky toffee op een bord en giet er nogmaals een beetje toffeesaus overheen.

POPULAIR

Bananencake

RECEPT VOOR 8 PERSONEN
BEREIDINGSTIJD: 20 MIN. + 60 MIN. IN DE OVEN

4 RIJPE BANANEN
260 GRAM BLOEM
115 GRAM BOTER
165 GRAM BRUINE BASTERDSUIKER
2 EIEREN
1 THEELEPEL BAKPOEDER
SNUFJE ZOUT
1 THEELEPEL KANEEL
HANDJE WALNOTEN

Verwarm de oven voor op 175 graden. Meng in een grote kom de bloem met het bakpoeder en het zout. Doe de boter in een kommetje en smelt de boter in de magnetron. Voeg de boter, basterdsuiker, eieren, de bananen en de kaneel toe aan het bloemmengsel. Meng alles goed door elkaar. Voeg op het laatste moment wat gehakte walnoten toe. Schep het beslag in een ingevette cakevorm en zet de cake vervolgens voor circa 60 minuten in de oven. Prik met een satéprikker in de cake om te controleren of de cake gaar is voordat je hem uit de oven haalt.

TIP:

Verdeel wat gesmolten chocolade over de bovenkant van de bananencake om het feestje helemaal compleet te maken.

POPULAIR

No bake cheesecake

RECEPT VOOR 2-3 GLAZEN
BEREIDINGSTIJD: 15 MIN.

250 ML OPGEKLOPTE SLAGROOM
200 GR MONCHOU
1 ZAKJE VANILLESUIKER
125 GR BASTOGNEKOEKEN
FRAMBOZEN/AARDBEIEN

Verkruimel de bastognekoeken met een keukenmachine of een deegroller. Klop de monchou met een zakje vanillesuiker wat luchtiger. Schep de opgeklopte slagroom vervolgens door de monchou. Je kunt eventueel de frambozen en aardbeien pureren maar ik vind het lekker om ze heel te laten. Hierna begin je met het 'maken' van de cheesecake vulling. Gebruik twee of drie mooie glazen voor dit toetje. Verdeel de helft van de bastognekruimels over de glazen en daarna de helft van het monchou-mengsel. Daarna wat frambozen, vervolgens weer een laagje bastogne, monchou en als laatste de aardbeien. Eventueel kun je nog een beetje poedersuiker of een beetje bastognekruimels over de aardbeien verdelen. Bewaar de toetjes in de koelkast totdat je ze gaat serveren.

POPULAIR

Arretjescake met witte chocolade en speculaas

RECEPT VOOR 1 CAKE
BEREIDINGSTIJD: 25 MIN. + 2 UUR IN DE KOELKAST

300 GR WITTE CHOCOLADE
100 GR BOTER
100 ML MAPLE SYRUP OF STROOP
150 GR SCHUDDEBUIKJES

Smelt de boter, chocolade en maple syrup samen in een steelpannetje. Bekleed ondertussen een cakeblik met bakpapier. Zet het vuur uit wanneer alles gesmolten is en voeg vervolgens de schuddebuikjes toe aan het chocolade- boter mengsel, maar bewaar enkele speculaasjes voor over de bovenkant van de cake. Roer het geheel goed door voordat je het in het cakeblik stort. Strooi tot slot de overgebleven schuddebuikjes over de bovenkant van de cake. Druk deze zachtjes aan. Dek de bovenkant af met een beetje folie en zet de arretjescake voor minstens 2 uur in de koelkast totdat hij hard is.

TIP:

Je kunt in plaats van schuddebuikjes ook fijngehakte speculaas gebruiken.

POPULAIR

Chocolade boterkoek

RECEPT VOOR 6-8 PERSONEN
BEREIDINGSTIJD: 15 MIN. + 25 MIN.

200 GR BLOEM
175 GR SUIKER
200 GR BOTER
40 GR CACAOPOEDER
1 TL VANILLE AROMA
1 EI + 1 EXTRA EI OF MELK VOOR ER OVERHEEN

Verwarm de oven voor op 180 graden. Klop de boter met de suiker en vanille aroma. Voeg na een paar minuten het ei toe en klop dit door de boter en de suiker. Voeg daarna ook de bloem en cacaopoeder toe. Ik gebruik hiervoor een elektrische mixer maar het kan eventueel ook gewoon met de hand. Verdeel het 'deeg' over de springvorm. Het is ook lekker om wat fijngehakte nootjes aan de boterkoek toe te voegen zoals hazelnoten of walnoten. Smeer de bovenkant van de boterkoek in met een beetje geklutst ei. Strijk eventueel de bovenkant nog even glad met een lepel. Zelf heb ik met een vork ook nog wat lijntjes over de boterkoek getrokken. Zet de chocolade boterkoek ongeveer 25 minuten in de oven. Laat de chocolade boterkoek afkoelen en snijd hem in punten of in blokjes.

Eerder verschenen:

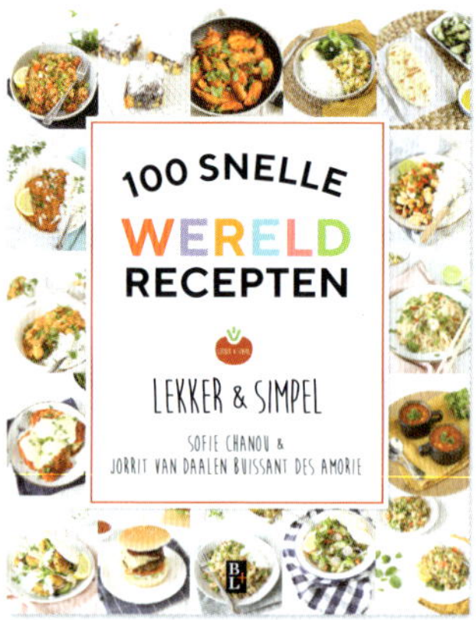